"빠삿
아저씨"

한 경영인의
삶과 여행에 관한
이야기

빠샤 아저씨

지은이 | 도용복
발행일 | 초판 1쇄 2019년 7월 7일
발행처 | 멘토프레스
발행인 | 이경숙
본문디자인 | 이은화
교정 | 서광철
인쇄·제본 | 한영문화사
등록번호 | 201-12-80347 / 등록일 2006년 5월 2일
주소 | 서울시 중구 충무로 2가 49-30 태광빌딩 302호
전화 | (02)2272-0907   팩스 | (02)2272-0974
E-mail | mentorpress@gmail.com
홈피 | www.mentorpress.co.kr
ISBN 978-89-93442-54-0 (03190)

【일러두기】작가는 27년 간의 메모를 재구성해 이 책을 완성했습니다.
따라서 지명 및 건물명 등이 국제표기법의 변화와 오지 개발 현황에 따
라 차이가 날 수 있습니다.

"빠삭 아저씨"

한 경영인의
삶과 여행에 관한
이야기

멘토 press

목차

에필로그

발문

나에게 있어 공부는 아날로그 식으로 하는 것이며, 독서는 눈으로 하는 것이 아니라 발로 하는 것이다. 즉 다시 말해 발로 하는 독서가 오지 탐험이다. 그러니까 27년 동안 172개국을 읽고 기록했다. 나의 독서는 배낭을 비우는 데에서 시작했다. 무엇이든 비워야만 또 다른 세계를 채울 수 있었기 때문이다. 그래서 오지에 가면 명소를 여행하기보다 현지인들과 함께 어울리고 먹고 노래하며 떠들기를 즐겼다. 이는 서로가 서로에게 스미는 인연이 되는 길이기도 했다. 나의 아름다운 독서는 이때 시작됐다. 그들과 숱한 감정을 교류하고 기록을 남기다 보면 어느새 빈 배낭에는 내가 알지 못했던 세계로 가득 차올랐다.

27년 전 길을 걸어가다 갑자기 쓰러졌다. 그때 나는 죽었다. 당뇨 등 고엽제로 인한 합병증으로, 정신을 잃으면 때와 장소를 가리지 않고 쓰러졌다. 주변 사람들의 증언에 의하면 한참을 무호흡 상태로 있기도 했다. 아내와 유학 중인 자녀에게 걱정을 안겨주기 싫어 한동안은 지병에 대해 비밀을 유지했다. 그래서 집에 있을 때 증상이 나타나면 희미해지는 의식을 붙들고 화장실로 뛰어갔다. 수분 혹은 수십 분을 쓰러져 있다가 일어났다. 그때마다 눈가에 눈물이 그렁그렁 매달린 거울 속의 누군가를 만나기도 했다.

당시만 하더라도 사업의 확장에 모든 전력을 쏟았다. 가난한 어린 시절을 보냈던 나에게 돈은 삶의 목표였고 유일한 지향점이었다. 쉴 틈 없이 사업을 확장하다 보니 폭음이 잦았고 스트레스는 흡연으로 풀었다.

'앞으로 어떻게 살아야 할까?'

뜻밖의 죽음과 마주한 순간, 내면에서 지나온 삶을 묻는 과정이 시작됐다. 이제 아무것도 남아 있지 않다는 상실감으로 인해 우울증에 시달리기도 했다. 그렇게 고통이 내면의 밑바닥에 도착했을 때, 한 목소리가 메아리처럼 울려왔다. "인간은 파멸당할 수 있을지언정 패배하지는 않는다!" 그 순간 나는 고엽제 후유증이라는 몸의 파멸을 인정했다. 나의 과거가 죽고, 나의 미래가 다시 살아나는 순간이었다. 나의 의지는 패배가 아닌 승리를 선택했다. 그때부터 오지 탐험과 음악에 대해 열중하기 시작했다.

전쟁 세대들이 대부분 그러했지만, 나에게도 학업에 매진할 수 있는 기회가 주어지지 않았다. 그렇다고 머리가 좋은 것도 아니었다. 기억력이 좋지 못해 무엇을 기억하기 위해서는 다른 사람에 비해 몇 배의 노력이 필요했다. 그래서 메모는 습관이 되었다. 파멸한 과거에게 메모는 경쟁을 위해 필요했다. 반면, 새로 태어난 미래에게는 사랑의 충만을 위해 필요했다. 여행지에서 아주 사소한 감정에서부터 기억하고 싶은 모든 순간을 하나하나 담았다. 발로 하는 독서를 마치고 배낭을 열면 몇 권의 노트가 지나온 길을 이야기했다. 그리고 어느 날부터, 그 노트들은 자신들의 이야기가 더 넓은 세상을 향해 울려 퍼지길 원했다.

인생은 노력만큼 이루어지며 성공은 삶의 여정에 있다. 나는 내가 도착하기 원하는 목적지에 사람의 마음을 위로하는 향기가 가득하길 기도한다. 강연에 임할 때마다 입버릇처럼 강조하는 문장이지만 솔직히 말하자면, 이는 내가 나에게 보내는 당부이기도 했다. 그리고 지금 정리하고 있는 책들은 그 향기의 일부이다.

노트의 분량이 너무 많아 몇 권으로 정리해야 하지만 한 권, 한 권 처음 여행을 떠나는 마음으로 걸어갈 계획이다. 어떤 부분은 칼럼처럼, 어떤 부분은 소설처럼, 어떤 부분은 메모처럼 썼다. 특정 형식을 의식하지 않고 자유롭게 삶과 여행의 이야기를 풀어냈다는 뜻이다. 부족한 발걸음에 늘 힘과 용기를 채워 준 아내 김순금, 그리고 그 무엇보다도 소중한 진아, 진철, 진경, 진미에게 진심으로 감사와 사랑을 보낸다.

2019년 6월 25일
UN묘지에서 도용복

제1부 한밤의 디스크자키

따이안 팍시

하버드대 교수이자 유명 정치학자인 마이클 샌델의 저서 《정의란 무엇인가》(2014)의 판매량이 국내에서 200만 부를 돌파했다. 이는 10만 부 정도가 팔려나간 미국과 비교해 20배가 넘는 수치이다. 미국의 인구수가 한국의 6배인 3억 3,000만 명임을 고려한다면 《정의란 무엇인가》에 대한 미국과 한국의 관심도는 더 확연히 드러난다. 유독 대한민국이 이 책에 열광했던 이유는 무엇일까? 이는 우리 사회가 그만큼 정의롭지 못하다고 생각하는 데서 기인할 것이다. 그리고 그 이유 중의 하나에 부의 양극화가 있음을 부인할 수 없다. 한국전쟁 이후 우리 사회는 단기간에 고도성장을 이룩해냈다. 이로 인한 부작용으로 배금주의와 물신주의가 우리 사회에 고착화했으며, 그 결과 부는 열망의 대상이자 혐오의 대상으로 위치하게 됐다.

　나는 어릴 때부터 부에 대한 욕망이 강했다. 그래서 가난을 이겨내기 위해서라면 어떤 힘든 일도 마다하지 않았다. 여느 인재들처럼 뛰어난 두뇌를 갖고 있지 못했던 나에게 부를 쌓을 수 있는 유일한 방법은 땀이었다. 땀을 흘리는 방향에도 지침을 두었다. "좋은 일은 하는 사람은 하늘이 그에게 복으로 갚아주고, 좋지 않은 일을 하는 사람에게는 하늘이 그에게 화로 되갚아 준다(爲善者天報之爲福 爲不善者天報之爲禍)"는《명심보감》의 문장이 그것이었다. 따라서 항상 '무엇'이 되는 것보다 과정을 뜻하는 '어떻게'가 중요했다. 바르고 옳은 길을 걸어 부를 쌓아야만 의미가 있었기 때문이다. 그래서 어느 철학자의 말처럼 모든 순간 사람을 수단이 아닌 목적으로 대하고자 노력해왔다.

　나는 이국의 전쟁터에서 청춘의 한때를 보냈다. 지금도 가끔 악몽을 꾸게 하는 베트남이 그곳이다. 순전히 돈을 벌기 위한 선택이었지만, 타인의 핏값으로 가난을 해결하고 싶지는 않았다. 이런 마음을 하늘이 알았는지 불행 중 다행으로 전투병이 아닌 의무병으로 복무할 수 있는 기회가 주어졌다. 베트남 나트랑 병원 257수사대(병원)에 백마부대 창설요원으로 선발돼 니노아에 있는 공병 수송부대로 파견됐다.

한국군이었지만 의무병이 지켜야 할 의무는 아군과 적군을 구분하지 않았다. 제네바 협정은 부상병 호송 차량과 야전병원 및 야전병원의 근무자를 중립의 위치에 놓았다. 따라서 전쟁 중에도 적십자 깃발로 표시한 부상병 호송 차량과 야전병원 그리고 의무병에 대한 공격을 금지했다. 그러나 아비규환의 전쟁터에서는 제아무리 굳건한 협약이라도 무력화되기 쉬웠다. 은밀히 땅속에 매설된 지뢰나 광범위하게 이루어지는 폭격은 전쟁의 울타리 안에 있는 모든 생명을 위협했다.

　전투에 투입되지 않는 날에는 현지인들의 치료를 담당했다. 보안규정상 부대 내에 민간인을 들일 수 없었다. 때문에 민간인에 대한 진료는 대민지원 형태로 이루어졌다. 아침에 마을로 가서 진료소 문을 열면, 끝이 보이지 않을 정도로 많은 베트남 사람들이 줄을 섰다. 그 고통의 행렬을 바라보며 전쟁터에서 승자와 패자를 구분하는 일이 무의미하다는 것을 절실히 느낄 수 있었다. 가벼운 증상에서 생명이 위독한 환자까지, 진료소를 찾아온 이유는 다양했다.

　내가 소속된 공병 수송부대에는 두 명의 의무병이 있었다. 환자들을 차별 없이 대하려고 노력했던 나와 달리, 동료 의무병은 자신의 감정상태에 따라 환자들을 달리 대했다.

"대민지원 시간 종료됐다. 그만하고 가자!"

언어가 달라 대화가 통하지 않았지만, 감정의 소통은 입에서 나오는 언어만으로 이루어지는 것이 아니었다.

"조금만 기다려 봐! 다 끝났어!"

"정말 못 말리겠네! 아군인지 적인지 확인도 안 되는 사람들에게……"

환자들은 그의 찡그린 표정에서 그의 내면을 읽었다.

베트남 사람들과 마주하는 시간이 늘어가며 몇 번 마주친 이들과는 가벼운 대화를 나눌 수 있었다. 그들의 웃음과 다정함에서 사람이 사는 곳은 크게 다르지 않았다는 것을 매일매일 배워 갔다. 그들의 다정에 대한 답례는 매번 진료시간을 넘기게 했다. 그만큼 동료 의무병의 불만도 늘어갔다. 가끔은 다투기도 했다. 그러나 한편으로는 동료 의무병의 마음을 이해할 수 있었다. 우리는 민간인과 베트콩을 구분할 수 없었기 때문이다. 환자를 가장한 베트콩의 침입을 경계하는 것도 의무병에게 부여된 중요한 임무였다.

하루는 가슴이 팽팽하게 부풀어 오른 여성 환자가 찾아왔다. 환부가 심하게 곪아 검게 변해 있었다. 고통을 이겨내려는 그녀의 표정에서 생존을 갈망하는 절박함을 읽어낼 수 있었다. 환부

상태는 피부를 절개해야만 치료할 수 있을 정도로 좋지 않았다. 나는 의과대학에서 전문지식을 쌓은 의사가 아니었다. 따라서 수술 예후에 대한 예측에는 한계가 분명했다. 그러나 내가 외면하면 그녀를 치료해줄 의료인이 어느 곳에도 없었다. 의무장교는 멀고 먼 낭트랑 병원에서 근무했다. 따라서 지역 부대의 의무병은 때때로 의무장교를 대신해야 했다.

환부에 수술용 메스를 가져다 댔다. 예상대로 순식간에 고름이 터져 나왔다. 가슴이 고름을 토해냈다고 표현해도 이상하지 않을 만큼 많은 양이었다. 옷과 몸을 적실 정도여서 환자가 혼자서 겪었을 고통을 이내 짐작할 수 있었다. 고름이 얼굴에도 튀어 입가에 문 채로 치료를 이어갔다. 끝없이 흘러나오는 고름이 그녀가 견뎌온 전쟁의 고통을 서술하고 있는 것 같았다. 수술이 끝나자 긴 안도의 한숨이 흘러나왔다. 곁에서 지켜보던 몇몇 환자들도 긴장에서 풀려났는지 나와 함께 긴 숨을 내쉬었다. 모두의 얼굴에서 환한 미소가 그려졌다. 그녀 역시 한결 편안한 표정을 지었다.

그 일이 있은 후 며칠 지나지 않아 한 소녀가 막사로 찾아왔다.

"따이안 팍시! 따이안 팍시!"

'따이안 팍시'는 대한민국 의사라는 뜻이었다. 그들은 우리를 '따이안 팍시'라고 불렀다.

"따이안 팍시! 내일, 안 돼, 밤, 밤, 나가면……."

소녀는 어색한 한국어에 몸짓을 더해 무엇을 말하려 했다. 나는 말과 몸짓을 따라하며 소녀가 전달하는 말을 이해하기 위해 노력했다.

"내일, 밤에, 막사를, 나가면, 안 된다!"

소녀는 고개를 끄덕였다. 그리고는 황급히 뛰어갔다. 반신반의했으나 그래도 혹시나 해서 동료에게 소녀가 전해준 이야기를 들려줬다.

"에이! 황금 같은 휴일을 꼬맹이 말 한 마디 때문에 날려 보낼 수는 없지!"

"그래도 혹시 모르니까 요번 주말에는 막사에서 보내!"

"알았어! 내가 알아서 조심할 테니까, 너무 걱정하지 마."

나는 소녀의 당부대로 휴일 내내 막사 안에서 시간을 보냈다. 알 수 없는 불안감이 밀려왔다. 불안감은 막사 앞을 서성이게 했다. 해가 지고 다시 해가 떠올랐지만…… 동료 의무병은 돌아오지 않았다. 휴일을 즐기던 몇몇 병사들이 베트콩의 테러를 피하지 못해 생명을 잃었다는 소식이 들려왔다. 그 중에는 동료 의무병의 이름도 있었다. 그의 죽음을 애도하는 동안 어떻게 해

나에게 하늘은 '사람'이었다
그래서 나는 매 순간 기억해 낸다
한 베트남 소녀의 목소리를!

서든 그를 붙잡아야 했다고 후회가 밀려왔다.

나에게 하늘은 사람이었다. 그래서 "좋은 일을 하는 사람은 하늘이 그에게 복으로 갚아주고, 좋지 않은 일을 하는 사람에게는 하늘이 그에게 화로 되갚아 준다"는 《명심보감》의 문장을 "사람에게 좋은 일을 하는 사람은 사람에게 복으로 되받는다"로 간직했다.

동료 의무병과 나는 이국의 전쟁터에 있었다. 냉정하게 말해 우리는 모두 돈을 벌어 가난에서 벗어나기 위해 전쟁터를 선택했다. 그와 내가 달랐던 점이 있다면, 그것은 사람을 대하는 자세에 있었다. 나는 부의 목적이 욕망을 충족시킴과 동시에 사랑의 실천에 있다고 생각했다. 나눔이 바로 그것이다. 부는 나눔을 통해 완성되며 여기에는 한 사람 한 사람을 소중히 여기는 마음이 있다. 정의는 쉽게 규정할 수 없는 무엇이지만, 부의 목적이 인간의 존엄성을 지키는 데 가 닿는다면, 우리가 목말라하는 정의에 가까워질 수 있음을 믿어 의심치 않는다. 그래서 나는 매 순간 기억해 낸다. "따이안 팍시! 따이안 팍시!" 하고 소리치는 한 베트남 소녀의 목소리를.

쌀 한 톨과 롤스로이스

"와! 회장님처럼 좋은 차를 사려면 어떻게 하면 되나요?"

특강이 끝나자 롤스로이스를 보기 위해 모인 몇몇 학생 중 한 명이 물었다. 나는 웃으며 대답했다.

"두 가지 방법이 있어요. 쓰는 돈보다 많은 돈을 벌거나, 번 돈보다 덜 쓰면 되죠! 많이 벌고 아끼면 더 좋고요!"

장난스러운 질문에 대한 즉흥적인 대답이었다. 학생들의 얼굴에 '그렇게 살아서 언제 이렇게 비싼 차를 사요?' 하는 물음이 가득했다. 이해할 수 있었다. 지금 젊은 세대는 대학 졸업과 함께 학자금대출을, 결혼과 함께 주택담보대출을 떠안아야 한다. 인생의 상당 기간을 빚에 억눌려 살아야 하기에, 내 대답에서 느꼈을 아쉬움을 짐작할 수 있었다. 그러나 세상이 아무리 발전해도 변하지 않는 가치가 있기에 남아 있는 말을 전해야 했다.

"저는 쌀 한 톨, 땅콩 한 개를 아껴서 60년 만에 꿈을 이룬 거예요."

학생들은 믿지 않는 눈치였지만, 실제로 나는 청소년기에 제임스 딘이 출연한 영화 〈자이언트〉를 본 후, 60살이 되면 롤스로이스를 사겠다고 다짐했다. 물론 부를 과시하기 위해서가 아니라, 롤스로이스를 살 수 있을 정도로 노력하는 삶을 살기 위해서였다. 학생들에게 명함을 나눠주며 말했다.

"궁금하시죠? 방법을 알고 싶으면 언제든지 사무실로 찾아오세요!"

베트남에서 한국으로 돌아와 꿈을 이루기 위해 사업을 시작했다. 숱한 실패에도 자수성가한 기업가로 성장할 수 있었던 이유는 배고팠던 시절에 대한 뼈아픈 성찰에 있었다. 6·25로 인해 피난길에 올라 참혹한 전쟁에서 폐허를 배웠다. 끓여 먹을 나무껍질과 풀뿌리가 없을 정도로 경제환경이 나빠서 굶주림 자체가 일상이었다. 식량이 없어 살기 위해 입에 문 나무껍질은 먹을 때도 곤혹스러웠지만, 배변은 그 자체로 고통이었다. 변이 딱딱하게 굳어 변비가 심해지면 변을 보기 위해 비누를 갉아먹기도 했다. 비누로 문제가 해결되지 않으면 아카시아

가시로 항문에 낀 변을 긁어냈다. 이런 섭식과 배변의 과정을 한 번 겪고 나면 항문 주위가 헐어 온종일 걷기조차 힘들었다. 그러나 고통은 배고픔을 이겨내지 못했다. 그만큼 배고픔은 생존에 대한 열망을 키워냈다. 그래서 밥을 얻어먹을 수 있는 곳이라면 어떤 장소이든 마다하지 않았다. 설령 그곳이 총탄이 빗발치는 전장이라 할지라도.

하루는 다부동 전투에 참여해 총알을 나르면 쌀밥을 준다는 소식을 접했다. 경북 칠곡군 가산면 다부리에 위치한 다부동은 당시 대구 방어에 있어서 가장 중요한 전술적 요충지였다. 다부동이 함락되면 대구가 적 지상화포의 사정권 내에 들어가 연합군의 패전 가능성을 높였다. 북한군 역시 마찬가지여서 다부동 일대에 3개 사단을 투입했다. 당시 북한군은 약 21,500명의 병력과 T-34전차 약 20대(후에 14대 증원) 및 각종 화기 약 670문으로 필사적인 공격을 퍼부었다. 이에 반해 다부동을 방어하는 국군 제1사단은 학도병 500여 명을 포함해 7,600여 명이 전부였다. 화포는 172문으로 북한군에 비해 몇 배나 열세한 전투력으로 총공세를 저지해야 했다. 당시 지휘관이었던 백선엽 장군은 8월 3일부터 8월 29일까지 계속된 공세를 병사들과 함께 온몸으로 막아내 승리를 이끌어냈다. 나를 포함한 세 명의 소년도 그곳에 있었다.

총알이 빗발치는 전장에서 몸이 작은 소년은 적들의 눈을 피하기가 더 수월했다. 전쟁이 무서운 이유는 인간이 인간으로서의 살아갈 수 있는 권리를 박탈하는 데 있었다. 총알과 소년들의 생명을 바꾸는 일을 전쟁은 아무렇지도 않게 만들었다. 어른들이 들기에도 무거운 총알통을 지게에 지고 뛰어다니다 보면 금세 체력의 한계가 느껴졌다. 그러나 소년들은 굶지 않기 위해 총알이 빗발치는 죽음의 장소에서 아침을 맞이했다. 총알통을 나르고 돌아오면 흰쌀밥을 주었기 때문이다. 우리는 단 한 톨의 쌀도 남기지 않았다.

"내일도 나올 거야?"

"아니! 쌀밥 먹기 전에 죽으면 소용없잖아!"

두려웠다. 우리는 모두 그날 먹은 쌀밥이 마지막 식사가 될 수 있다는 것을 알고 있었다. 그래서 밥을 먹고 나면 매번 내일은 나오지 않겠다고 입버릇처럼 말했다. 그러나 아침이 오면 다시 부대로 찾아갔다. 배고픔의 공포가 죽음의 공포보다 두려웠다. 그러나 막상 친구의 죽음이 눈앞에 펼쳐졌을 때, 살기 위해서는 다른 길을 선택해야 한다는 것을 깨달았다.

하루는 함께 모여 밥을 먹는 자리에 친구 한 명이 보이지 않앗다. 총알통을 질 때마다 유독 힘들어하던 친구였다.

"영칠이는 왜 안 내려오냐? 너 봤어?"

"아니! 너는?"

"……나도."

매일 녹초가 된 상태로 밥을 먹기 위해 둘러앉았다. 서로의 얼굴을 바라보면서도 서로의 삶에 대해 궁금함을 표현하는 일은 없었다. 그만큼 겉으로 드러나는 친분은 두텁지 않았다. 그러나 함께 사선에 있다는 사실은 우정 이상의 연대감을 갖게 했다. 친구의 생존이 곧 나의 생존을 증명해주었기 때문이다.

그날은, 밥을 기다리는 동안 불안감이 밀려왔다.

"한 명이 안 왔는데요?"

밥을 가져온 학도병에게 물었다.

"음……."

한참 말을 잇지 못하던 학도병이 대답했다.

"……늦을 수도 있지. 너희들 먼저 먹어라."

허기는 현재의 불안과 미래에 대한 걱정을 잠시 잊게 했다. 그런데 식사를 마치자마자 친구에 대한 소식이 들려왔다.

"적탄에 맞았어? ……그러면 한 명을 다시 구해야겠네!"

"예. ……그런데 이미 소문이 다 나서 지원하는 애들이 있을

지 모르겠네요."

흐르는 눈물이 멈추지 않았다. 친구의 죽음이 나의 죽음처럼 슬펐다. 죽을 수도 있다는 가정이 현실로 등장하는 순간 온몸에서 피가 빠져나가는 것 같았다. 그러나 나는 다부동 전투가 끝날 때까지 총탄을 날랐다. 배를 채운 뒤의 다짐은 새벽부터 찾아오는 배고픔을 이기지 못했다. 당시 나이가 일곱 살에 불과했다. 전쟁에서의 승리가 무엇을 뜻하는지도 알지 못했다. 그래서 내가 알지 못하는 사이에 끝나버린 전투가 가끔은 그리웠다. 참을 수 없는 배고픔은 전쟁보다 더 두려웠다.

몇 해 전 대구 예술대학 특임교수로 임명돼 학생들과 호흡했다. 거주지가 부산에 있었기에 학교에 도착하기 위해서는 반드시 다부동을 지나가야 했다. 그때마다 어른으로서 미래를 살아야 할 청년들에게 남겨줘야 할 유산에 대해 생각했다. 전쟁의 상처를 통해 습득한 '절약하는 삶'이 바로 그것이었다. 과거의 기억 때문에 나는 지금도 쌀 한 톨, 땅콩 한 개를 남기는 일이 없다. 절대적인 빈곤보다 상대적 빈곤이 뚜렷한 사회에서 나의 행동은 구시대적인 것으로 보일 수도 있다. 더군다나 내가 큰 부자는 아니더라도 작은 부자는 되었기에, 누군가는 자린고비의 뻔한 잔소리로 간주할 수 있다. 그러나 쌀 한 톨과 땅콩 한 개를

귀하게 여기는 마음이 중요한 이유는 단순히 아끼는 차원에만 있지 않다.

많은 사람들이 일확천금을 꿈꾸며 복권을 사거나 주식투자를 하기도 한다. 그들 중 몇몇은 갑작스러운 행운으로 부유한 삶을 살아간다. 그런데 문제는 항상 그 이후에 발생한다. 부를 활용할 줄 몰라 흥청망청 소비하며 살다 보니, 다시 실패의 자리로 돌아가거나 이전보다 더 못한 삶을 살아가기도 한다. 가난 속에서 복권을 샀을 때의 마음, 틈틈이 모아놓은 돈으로 주식에 투자했을 때의 마음을 망각했기 때문이다. 만약 성공했을 때 어려웠던 시절을 성찰했다면 더 신중하게 부를 소비했을 것이다.

'절약하는 삶'을 살아가는 사람은 부가 필요한 곳을 안다. 함부로 투자하지 않고 함부로 소비하지 않는다. 그러므로 '절약하는 삶'은 단순히 현재의 알뜰함만을 의미하지 않는다. 미래에 닿아 있기 때문이다. 그래서 더욱 나에게는 쌀 한 톨과 땅콩 한 개를 아끼는 마음이 롤스로이스이다. '절약하는 삶'에서 부가 시작되고 완성된다는 진리를 결코 잊어서는 안 될 것이다.

한밤의 디스크자키

입양을 기다리는 한 사내아이가 있었다. 아이의 친모는 미혼모로 아이의 미래를 걱정해 고학력 양부모를 원했다. 친모의 바람대로 한 변호사 부부가 사내아이의 입양에 관심을 보였다. 그러나 불행하게도 변호사 부부는 최종 선택에서 여자아이의 손을 잡았다. 결국 사내아이는 친모의 뜻과는 다르게 대학은 고사하고 고등학교조차 졸업하지 못한 양부모를 만나게 됐다. 사내아이의 친모는 양부모에게 아이를 대학에 꼭 보내겠다는 약속을 받고서야 입양에 동의했다. 태어나자마자 친부모에게 버림받고, 한순간에 양부모의 직업이 변호사에서 노동자로 뒤바뀌어버린 사내아이의 미래는 불운해 보이기만 했다.

이제 사내아이는 훌쩍 자라 청년이 되었다. 양부모는 친모에게 한 약속을 지켜 청년을 대학에 보냈다. 그러나 청년은 대학 생활에서 삶의 의미를 찾지 못했다. 가난한 양부모가 번 돈 대부분을 비싼 등록금으로 쏟아부어야 한다는 부담감에 한 학기를 다니고 학업을 중단했다. 그렇다고 배움을 포기한 것은 아니었다. 청년은 친구 집에서 기거하며 대학수업을 청강하기 시작했다. 콜라병을 주워 팔거나 무료급식으로 끼니를 해결해야 했지만, 자신이 좋아하는 공부만큼은 포기하지 않았다. 청년이 청강하는 수업 중에는 학생들 사이에 별로 인기가 없었던 서예 수업이 있었다. 훗날 사업가가 된 청년은 이 수업이 자신이 설립한 회사에서 출시한 개인용 컴퓨터 서체에 큰 영향을 미쳤다고 고백하기도 했다. 불운한 탄생이었지만 배움을 포기하지 않았던 한 사람, 스티브 잡스에 관한 이야기이다.

나는 중학교를 졸업하자마자 무일푼으로 고향을 떠났다. 안동에서 대구로 대구에서 부산으로 이동했다. 대구는 제법 큰 도시였다. 그러나 꿈을 펼치기 위해서는 더 큰 도시로 가야 한다는 생각이 앞섰다. 그래서 부산에 들러 마음에 차지 않으면 서울로 이동할 계획이었다. 당연히 표를 구매할 수 있는 돈이 없어 무임 승차를 결정했다. 총탄이 빗발치는 전쟁터를 달렸던 소년이었지만, 승무원이 보이기라도 하면 간이 콩알만해졌다. 다행히도

아무런 문제없이 부산에 도착했다. 그리고 그곳에서 한 번도 보지 못했던 드넓은 바다를 만났다. 가슴이 벅차올랐다. 파도가 일렁이는 거대한 세계를 바라보며 나는 속으로 다짐했다.

"그래! 이 바다를 헤엄칠 수 있는 큰사람이 되는 거야!"

그러나 가난한 소년의 포부는 누추해지기 쉬웠다. 연고가 없는 이방인 소년을 반기는 곳은 어디에도 없었다. 굶지 않기 위해서는 바로 일을 찾아야 했다. 그러나 무턱대고 공장에 들어가면 공부할 수 있는 기회가 주어지지 않을 것 같았다. 학업을 병

행할 수 있는 일터를 찾자니 선택지가 보이지 않았다. 밤에 일
하고 낮에 공부할 수 있는 곳을 수소문했다. 그러던 중 부산 제2
탄광 4·5부두에서 새벽 4시부터 오후 8시까지 석탄 운반차량
에 석탄을 적재하는 일꾼을 모집한다는 소식을 접했다. 바로 탄
광으로 달려갔다.

"석탄 나르는 일을 하고 싶어요!"

무턱대고 사무실에 들어가 일자리를 요구하는 나에게 작업
반장은 당황한 기색으로 대답했다.

"어른들도 힘든 일을 너처럼 어린애가 하겠다고? 게다가 네가 숙식할 장소도 없어!"

작업반장은 단호했다. 그러나 일과 공부를 병행할 수 있는 일터였으므로 포기할 수 없었다. 그래서 더 당당하게 말했다.

"제가 지금보다 더 어릴 때부터 집안농사를 도와 와서 힘든 일도 잘할 수 있어요. 그리고 저는 지금 고아나 마찬가지라⋯⋯."

"안 돼! 그러다 다치기라도 하면 누가 책임지고?"

어떻게 해서든 작업반장을 설득해야 했다. 사흘 간 근로자 합숙소 앞에서 얇은 이불을 둘러쓰고 겨울밤을 보냈다. 이런 소년의 절박함이 작업반장의 마음을 돌려놓았다.

"거참, 요녀석 봐라! ⋯⋯알았어. 근성을 봐서 한 번 기회는 주마. 여기서 사흘 밤을 보냈으니, 사흘 간 일하는 것 봐서 채용할지 말지를 결정할 거야!"

작업반장의 말에 나도 모르게 큰소리로 대답했다.

"와, 고맙습니다! 고맙습니다! 열심히 일해서 사흘 후에도 꼭 남겠습니다!"

"녀석 참 명랑하네! 그래그래 열심히 해봐. 하지만 결정은 사흘 후야!"

사흘이 지나고 작업반장이 채용을 알렸다. 근로자 합숙소에서 지내도 된다는 희소식을 함께 전해왔다. 당시 근로자 합숙소는 고아만 이용이 가능했다. 일자리와 숙식을 해결했으니 남아 있는 과제는 배움에 대한 열망을 해결하는 것이었다.

　탄광 인근에 위치한 전자공입고등학교에 찾아갔다. 함석으로 만들어진 허름한 2층 건물이었다. 교장선생님을 찾아가 사정을 이야기하고 허락을 얻어 중단했던 학업을 이어갔다. 함석으로 지어진 탓에 비가 오면 빗방울 소리가 교실 전체에 울려 퍼졌다. 때때로 선생님의 목소리가 들리지 않을 정도로 학업을 방해했다. 그래도 나는 빗방울 소리가 좋았다. 마치 피아노 연주처럼 들려왔기 때문이다. 타닥타닥 조금씩 떨어지는 빗방울은 서정적인 연주 같았고, 폭우는 오케스트라가 연주하는 장엄한 협주곡처럼 느껴졌다. 나는 빗방울의 연주와 선생님의 목소리를 함께 듣기를 원했다. 그래서 항상 선생님의 턱밑에서 수업에 임했다.

　밤부터 새벽까지 석탄을 나르고 나면 몸은 밤보다 더 어두워졌다. 콧속이 석탄가루로 가득 차서 감기에 한 번 걸리기라도 하면 호흡곤란 증상이 나타났다. 학업과 일의 병행은 결코 쉽지 않았다. 새벽에 일을 끝내고 나면 주체할 수 없는 잠이 유혹해

왔다. 졸고 있는 상태로 길을 걷기도 했다. 그러나 배움을 포기하면 인생도 그 자리에서 끝날 것만 같았다.

등교하기 전에는 몸을 씻어야 했다. 목욕탕에 가고 싶었지만, 목욕비용을 내고 나면 학비를 충당할 수 없었다. 그래서 산으로 들어가 웅덩이를 찾아 목욕했다. 웅덩이에 코를 풀면 시꺼먼 코가 쏟아졌다. 봄부터 가을까지는 그래도 괜찮았다. 겨울이 가까워지면 목욕이 무슨 체벌처럼 두려웠다. 살얼음 깔린 웅덩이에 들어가면 아려오는 살갗이 금방이고 깨질 것 같았다.

일요일에는 교회에 갔다. 신앙생활은 어느 곳에도 마음을 의탁하지 못하는 사춘기 소년에게 큰 위로가 됐다. 특히 찬송가 소리에 맞춰 울리는 풍금소리는 추운 겨울일수록 마음속에 온기를 더해주었다. 고된 하루하루를 살았지만, 몸 어딘가에 숨어 있던 십대 소년의 감수성은 음악 앞에서 기지개를 켰다. 하루는 예배가 끝난 후 목사님께 말했다.

"목사님! 저…… 풍금을 배우고 싶어요."

"그래? 집사님이 바빠서 가르쳐줄 시간이 없을 텐데……."

"괜찮아요. 혼자서 연습할 수 있어요. 제가 연습하는 걸 허락만 해주세요!"

"……그러면, 해봐! 예배시간 피해서."

목사님은 흔쾌히 허락했다. 풍금을 다룰 수 있는 사람이 한 사람이라도 더 있으면 교회에 도움이 될 수 있었다. 그러나 목사님은 그런 이유보다 내가 보여준 자신감의 결과를 더 확인하고 싶어하는 눈치였다.

아주 이릴 때, 나는 형이 연주하는 풍금소리를 들으며 잠에서 깨곤 했다. 옛날 사람들이 다 그랬지만, 집안에서 정상적인 교육을 받을 수 있는 기회가 주어진 유일한 사람은 장남이었다. 음악적 재능이 집안 내력이었는지 형은 고등학생 때 음악대에서 지휘자로 활동했다. 훗날 대학을 졸업한 후에는 고등학교 음악선생님으로 교편을 잡았다.

그래서였을까? 풍금 위에 놓인 집사님의 손가락이 외워졌다. 나는 집사님의 손가락을 흉내내며 어깨너머로 풍금을 배웠다. 그렇게 몇 개월이 지나자 찬송가를 모두 연주할 수 있었다. 이때부터 큰 변화가 시작됐다. 그냥 흘려듣던 음악이 다르게 들리기 시작했다. 화음과 선율이 하나하나 귀에 들려왔다. 음악에 관심이 늘어갈수록 음악에 대한 지식도 늘어갔다. 물론 내가 할 수 있는 음악공부는 라디오 주파수를 돌려가며 귀를 쫑긋 모으는 일이 전부였다. 그러나 효과는 상당했다. 클래식 음악을 들으면 어떤 악기들이 어떻게 연주되는지 알 수 있었다.

일요일에는 교회에 갔다

목사님! 저…… 풍금을 배우고 싶어요

이렇게 독학한 음악은 궁핍한 삶을 바꿀 수 있는 놀라운 계기를 마련해주었다. 청강수업이 스티브 잡스의 삶에 영감을 주었던 것처럼, 음악은 나를 삶의 또다른 길로 인도했다.

당시만 해도 지금처럼 다양한 매체를 통해 음악을 접할 수 있는 시대가 아니었다. 그래서 하루하루 메모해놓은 음악에 대한 지식은 쉽게 빛을 발산했다. 부산 중앙동 다방을 비롯해 네 곳에서 디스크자키로 일할 수 있는 기회가 주어졌다. 새벽에 석탄을 짊어져야 하는 삶이 바로 바뀌지는 않았다. 그러나 수입이 점점 늘어나며 꿈꾸기도 힘들었던 전문대학에 진학할 수 있었다.

2011년 10월 5일 스티브 잡스가 사망했다는 소식이 매스컴을 통해 들려왔다. 그의 죽음은 평소 알고 지내던 사람이 세상을 떠난 것처럼 많은 아쉬움을 남겨주었다. 한 번도 직접 만나본 적이 없었지만, 배움의 길을 포기하지 않았던 그의 삶에서 나의 내력을 보았기 때문이다. 나는 어린 시절부터 가난한 삶과 마주하며 지금 하지 않으면 영원히 하지 않는 것과 같다는 것을 깨달았다. 지금은 내일을 비추고 있고, 내일은 다시 오늘로 현현하기 때문이다.

나는 숱한 도전으로 수없이 실패했고, 실패는 다시 나를 성숙

시켰다. 그리하여 결국 인생이란 노력하는 만큼 완성된다는 것을 알게 됐다. 스티브 잡스 또한 그러했다. 그가 살아온 삶의 여정은 가난하고 힘겹게 살아가고 있는 전 세계 청년들에게 크나큰 영감을 주기에 충분했다. 나 역시도 남아 있는 생 동안 그러한 가치와 동행하기 위해 맘을 다할 것이다. 성공은 삶의 여정에 있고, 내가 도착할 목적지에 향기가 가득해야 하기에 더욱 그러하다.

화양연화(花樣年華)•

배우들과 손을 맞잡고 무대를 향해 고개를 숙였다. 순간 객석에서 시작된 박수소리가 극장 가득히 채워졌다. 벅차오르는 감정을 주체할 수 없었다. 눈시울이 붉어졌다. 당시 나이는 일흔. 성악 전공자도 아닌 아마추어 음악가가 푸치니의 오페라《나비부인》의 일본인 부호 야마도리 역을 분하며 얻은 감격은 말로다 형언할 수 없을 정도로 컸다. 나는 평소《미스 사이공》의 출연을 동경해왔다. 물론 비전공자인 내가 무대에 서는 일은 불가능에 가까운 꿈이었다.

그런데 뉴월드 오케스트라 단장을 역임하며 뜻밖의 행운과

• 인생에서 가장 아름답고 행복한 순간을 표현하는 말

마주할 수 있었다. 음악에 대한 나의 열정을 알아본 김유섭, 박대용 성악가가 특별지도를 통해, 사흘 간 총 4회에 걸쳐 프로 무대에 설 수 있는 기회를 마련해주었다. 《나비부인》은 《미스 사이공》의 원류이므로, 그 무대가 주는 의미는 작지 않았다. 커튼 콜을 마치고 분장을 지우는 동안 머릿속에서 '화양연화'라는 말이 떠나지 않았다. 특별출연이긴 했지만, 그 순간이 내 인생에 있어 가장 아름다운 날이었다.

50대에 접어들어 오랜 세월 마음에 품고 있었던 음악공부를 시작했다. 지천명에 갑작스럽게 찾아온 고엽제 후유증은 고통 그 자체였다. 젊은 시절부터 사업을 최우선 순위에 두고 살다보니, 나는 어느새 일의 노예가 돼 있었다. 사업을 핑계로 술에 빠져 살아온 시간 때문에 몸도 마음도 피폐해져 있었다. 죽음의 문턱에 서고서야 겨우 삶을 뒤돌아볼 수 있었다. 고엽제 후유증에서 벗어나기 위해 두 가지 새로운 길을 선택했다. 한 가지는 오지 여행이었고, 다른 한 가지는 음악이었다.

나는 틈틈이 조수미를 배출해 낸 산타체칠리아 대학으로 향했다. 플루티스트인 둘째딸이 유학 중이어서 그곳의 유명 교수님을 통해 성악 레슨을 받을 수 있었다. 이탈리아의 음악가들은 예술에 대한 자긍심이 강해 돈을 아무리 많이 줘도 배울 자세가 되어 있지 않은 학생은 가르치지 않았다. 그래서 나는 젊은 학생들보다 더 열정적으로 레슨에 임했다. 이렇게 배운 음악은 새로운 삶을 향한 도전에 큰 영향을 미쳤다.

오지여행에서 음악은 남녀노소를 떠나 친구가 될 수 있는 유용한 언어였다. 식당가나 거리에서 악사들의 노래를 따라 부르면 그들은 나에게 노래를 권유했다. 여기에 동참해 거리의 악사들과 하나가 되면 누군가는 팁을 주었고, 누군가는 밥을 사기도 했다. 누군가는 앙코르를 외쳤으며, 누군가는 또 숙소를 제공하기도 했다. 처음에는 낯선 이방인의 얼굴을 신기하다는 듯이 바라보다가도, 노래가 끝나면 박수를 보내왔다. 이렇게 나는 음악과 함께 172개국을 여행했고, 새로운 선택에 대한 성실은, 다시 새로운 삶으로 이끌었다.

"예, 도용복입니다."

"안녕하세요, 저는 ○○○연구원에서 근무하는 ○○○입니다."

"예, 그런데요?"

"최고경영자 과정이 진행되고 있는데, 회장님 강의를 듣고 싶다고 신청하는 분들이 많아서요."

"아…… 죄송하지만 제가 상반기 일정이 대부분 잡혀 있어서 시간이 맞을지 모르겠어요."

"그래요? ……그러면, 상반기에 안 되면 하반기에라도 꼭 모시고 싶은데요."

나는 사람들이 흔히 말하는 명문대학을 졸업하지 못했다. 그럴 듯한 학위가 있는 것도 아니었다. 요즘 젊은이들의 말을 빌려 정리하자면, 나에게는 내세울 만한 스펙이 전혀 없었다. 그럼에도 불구하고 많은 사람들이 강연자로 초청하기를 원했다. 배부른 소리겠지만, 거절하는 게 미안해서 가끔은 울리는 전화벨이 무서울 정도였다.

이런 자리에 서기까지 내가 한 일은 오직 한 가지였다. 나의 부족을 알고 그것을 채우기 위해 최선의 노력을 다하는 것. 동일한 선상에서 고엽제 후유증을 극복하기 위해 매진한 음악공부와 오지여행은 강연자라는 새로운 직업을 선물했다. 지인의 부탁으로 시작한 강연이 입소문을 통해 퍼지면서, 지금은 쉴 시간이 부족할 정도로 많은 날을 강연장에서 보내고 있다.

나는 매일 시간을 정해 빠짐없이 운동했다. 집앞 성지곡 수원지를 두 바퀴 돌고 공용 헬스장으로 향했다. 조찬강의가 있으면 저녁 혹은 늦은 밤에, 강의가 없는 날에는 새벽에 공원을 찾았다. 운동을 거르지 않는 이유는 그 시간이 공부에 전념할 수 있는 가장 좋은 시간이었기 때문이다.

오지여행을 다니며 얻은 가장 큰 소득은, 공부란 책상 앞에 앉아야만 할 수 있는 것이 아니라는 것을 깨달았다는 점이다. 한국어로 된 책을 읽기 힘든 오지에서는 메모가 곧 공부의 시작이었다. 오지를 걷다 쉴 때면 메모를 읽고 다시 떠오르는 것을 적었다. 이런 행동의 반복은 공부를 호흡과 같은 습관으로 바꿔었다.

가령 이런 식이었다. 언젠가 여행이 끝나고 인천공항에 도착했을 때 KISS라는 단어를 보았다. 정확하게는 Korea Immigration Smart Service의 이니셜로 사랑하는 사람과의 행위를 연상시킬 수 있는 단어를 연출해 인천공항의 IT기술력을 홍보하고 있었다. 나는 여기에 대해 떠오르는 생각을 메모했다.

KISS 키스를 받을 수 있는 조건은?

K(Kind) : 친절이 몸에 배어 있어야 한다

I(Impressive) : 아주 감동적이어야 한다

S(Surprise) : 놀라움이 있어야 한다

S(Suspense) : 전율적이어야 한다

내 책장에는 이런 식으로 기록한 메모장이 가득했다. 운동할 때도 메모장을 손에 놓지 않았다. 메모를 읽고 상기하며 떠오르는 것이 있으면 다시 적고, 기억하고 싶지만 기억해 내지 못하는 것을 기록해 놓았다. 성지곡 수원지에서 내려올 때면 사람들을 의식하지 않고 큰소리로 노래를 불렀다. 이 역시 발성에 대한 기억을 잊지 않기 위해서였다. 이와 같은 길 위에서의 공부와 발성연습은 무엇보다 초심을 잃지 않게 했다. 그리고 초심을 잃지 않으면 언제고 나만의 자유를 시작할 수 있었다.

첫 강연은 약 스무 해 전 동서대학교 관광학과에서 이루어졌다. 거짓말을 조금도 보태지 않고 매서운 바람 앞의 사시나무처럼 떨며 강의했다. 학생들의 눈을 제대로 바라보지 못할 정도로 긴장해서 강의를 어떻게 마쳤는지조차 기억나지 않았다.

이날 나는 나의 부족함을 한없이 깨달았다. 그래서 이를 악물고 매일 밤 두 시간씩 성지곡 수원지를 찾아가 공부하기 시작했다. 알아야만 무지에서 자유로워질 수 있었고, 자유는 삶을 향한 자신감을 부여했다. 그때부터 마치 그리스인 조르바처럼, 자유를 향한 영감을 사람들과 공유했다. 그 결과 나는, 한 달 평균 15회를 강연하는 사람이 됐다.

사무엘 울만은 〈청춘〉이란 시에서 '청춘이란 인생의 어떤 기간이 아니라 마음가짐'이며, '영감이 끊기고, 정신이 아이러니의 덫에 덮이고 비탄의 얼음에 갇혀질 때 20세라도 인간은 늙는다'고 했다. 52세에 고엽제 후유증을 극복하기 위해 시작한 공부가 강사로서의 삶을 살게 할 줄 누가 알았겠는가? 일흔의 아마추어 음악가가 오페라 무대에 서게 될 줄 누가 알았겠는가?

석탄을 나르던 가난한 소년의 일터가 청와대와 국무총리실,

검찰청과 공군사관학교, 정부 및 대기업 부설 연구원, 서울대학교를 포함한 전국 대학교와 대학원이 될 줄은 또 누가 알았겠는가? 나는 단지 일로 인해 잃었던 자유를 최선을 다해 찾았을 뿐이며, 다시 잃는 것이 두려워 매일매일 상기했을 뿐이다. 삶의 끝에서 바라보니 인생의 모든 순간이 화양연화였다.

스미는 인연 제2부

샤를륵

투르크메니스탄(Turkmenistan) 상공에 도착하자 기압으로 인해 고막이 터져 나갈 것 같았다. 여행을 위해 수없이 비행기를 이용했지만, 두 손으로 머리를 쥘 정도로 두통이 심하게 찾아온 경험은 처음이었다. 비행기가 활주로에 내려앉자 고마운 마음이 생겨날 정도였다. 그러나 두통으로 인한 고통은 시작에 불과했다. 복잡한 세관 통과과정은 두통보다 더 큰 스트레스로 다가왔다. 본격적인 여행을 시작하기도 전에 체력이 전부 소진되는 것 같았다.

"나라 훔치러 온 것도 아닌데……."

까다로운 입국심사 때문에 나도 모르게 혼잣말을 중얼거렸다. 공항 출입구가 지구 반대편에 있는 나라의 국경처럼 아득했다.

"Hello!"

세관원은 대답 없이 차가운 눈빛으로 쳐다보고는 여권을 살폈다. 나는 멋쩍어져서 주변을 두리번거렸다. 영어를 할 수 없는 것인지, 아니면 알아도 모르는 척하는 것인지 도통 알 수가 없었다. 이 같은 경직된 분위기는 투르크멘 여행이 쉽지 않으리란 것을 예감하게 했다. 새벽 12시 30분에 공항에 도착해 세관 통과에만 두 시간을 소비했다.

공항 출입구를 통과하자 긴 한숨이 흘러나왔다. 주변에 있는 택시를 잡았다. 택시기사에게 주소가 적힌 메모지를 보여 주었다. 기사는 고개를 끄덕이며 연신 OK를 연발했다. 기사가 출발하려는 찰나, 누군가 차 트렁크를 두드렸다. 경찰이었다.

두 사람은 몇 마디를 주고받았다. 기사의 표정이 심상치 않았다. 목소리가 점점 커져 주변에 있던 공항요원들이 다가왔다. 나는 혼자 우두커니 차에 타고 있었다. 곧 이유를 알 수 있었다. 기사가 지갑에서 돈을 꺼내 경찰 손에 올려놓자 작은 소동이 끝났다. 후에 안 일이지만 공항 내 차를 주차하면 경찰에게 돈을 내야 했다. 물론 그 돈을 최종적으로 지불하는 사람은 여행객이었다.

택시는 한산한 거리를 달려 호텔로 향했다. 곳곳에 대통령 사진이 걸려 있었다. 공항 진입로인데 중앙선이 지워져서 희미했다. 반면 가로등 밑 네온으로 장식된 국기는 선명하게 빛났다. 도시에 들어서자 공항과는 전혀 다른 분위기였다. 오색빛깔의 찬란한 풍경이 펼쳐졌다. 산유국이라 에너지에 대한 걱정이 없었다. 낮과 밤을 구분할 수 없을 정도로 많은 가로등이 길을 밝혔다. 고풍스러운 건물들이 줄을 이었다. 하지만 자주 등장하는 경찰들 때문에 도시 전체에 대한 느낌은 차가웠다.

호텔 내에도 인적은 없었다. 실내를 온통 유리로 장식한 고급 호텔이었다. 사람이 없으니 화려한 장식품들이 얼음처럼 차갑게 느껴졌다. 몸의 체온이 떨어지는 것 같았다. 호텔 종업원이 눈을 비비며 비자를 요구했다. 서류를 작성한 후 23호 키를 주었다. 고개를 까딱거리며 손가락으로 올라갈 방향을 가리켰다. 나는 호텔 근무자의 불친절이 익숙하지 않았다. 그러나 그런 불손함조차 여행의 일부라고 마음을 추슬렀다. 문을 열었다. 훈훈함보다 적막감이 불어왔다. 불안했다. 호기심 많은 고양이처럼 구석구석을 살핀 후에야 안정을 되찾을 수 있었다. TV를 켰다. 역시나 대통령 얼굴부터 등장했다.

점심식사를 마치고 호텔 주변을 산책했다. 대통령 집무실과 가까운 사열장은 독립 12주년 준비로 분주했다. 대통령과 대통령 부모의 동상을 중심에 두고 화려하게 물줄기를 뿜어내는 분수가 인상적이었다. 샤를륵과 나는 대통령이 매주 간다는 건강 조깅 장소로 향했다. 샤를륵은 이곳에서 선교사로 활동하는 성직자였다.

"제가 어떻게 부르면 될까요? 한국어를 알아듣지 못해도 선교사님이라 부르면 위험할 것 같아서……."

"여기서는 샤를륵이라는 이름을 써요."

"그럼…… 성직에 계신 분께 이름을 부르는 것도 예의가 아니니 앞으로는 선생님할게요."

호텔에서 오전 내내 여독을 달랬다. 약속시간에 맞춰 로비에서 기다리고 있던 샤를륵과 조심스럽게 첫인사를 나눴다. 그가 선교사라는 사실이 알려지면 그의 신상에 좋지 않을 수 있었다. 국내에서 청년들의 멘토로 활동하며 다양한 직업에 종사하는 멘티들을 만났다. 멘티들은 국내외에 수많은 네트워크를 형성하고 있었다. 그래서 내가 무엇을 필요로 할 때 그들이 나의 멘토가 돼 길을 이끌어주기도 했다. 샤를륵도 이곳에서 사업을 추진하는 멘티에 의해 스며든 인연이었다. 그와 이런저런 이야기를 나누며 걷다 보니, 어느새 대통령의 조깅 장소에 도착했다. 때마침 밤이 천천히 내려오고 있었다. 하나, 둘…… 가로등 불빛들이 우리를 환영한다는 듯이 환하게 불을 밝히기 시작했다. 8Km와 27Km, 계단식으로 배열된 가로등이 전부 켜지자 마치 동화 속에 들어온 기분이었다. 꼬불꼬불한 산길에서 반짝이는 가로등은 그야말로 장관이었다. 8Km 중 한 구간을 올랐을 뿐인데 너무나 상쾌했다.

"햐…… 공기 참 좋네요!"

"예! 저도 회장님 덕에 아주 오랜만에 이런 상쾌함을 느끼게 되네요."

그는 10년 동안 투르크멘에서 생활했다. 그러나 성직자로 일하고 있는 만큼 화려한 일상과는 거리를 두었다.

"아마 제가 사는 곳에 가시면 여기와는 정반대의 풍경을 보실 겁니다."

"그래요? 저는 더 기대되는데요!"

갑자기 벅차오르던 나의 감격이 그에게는 호사스러운 일일 수도 있겠다는 생각이 스쳤다. 잠시 마음 한편에 미안함이 고였다.

산책하는 내내 군복을 입은 경계병들이 눈에 들어왔다.

"중심가에도 군인이 정말 많네요."

"여기는 교통담당도 군인이에요. 경찰이 부정도 많고 월급도 비싸서 군인을 대체인력으로 활용해요."

시내 야경을 보기 위해 독립기념탑에 올랐다. 산유국답게 온 시내가 환했다. 입을 닫을 수가 없을 정도로 경이로웠다. 그러나 샤를룩을 의식해 감탄사를 삼켰다.

*
**

"오늘부터는 힘들 수 있는데…… 간밤에 편안하게 쉬셨어요?"

"예! 오늘을 위해 푹 쉬었습니다."

호텔에서 함께 잠을 자고 출발하자는 제의를 거절한 그였다. 가까운 곳에 지인이 거주하고 있다는 말에 그의 뜻을 받아들였지만, 마음이 편하지는 않았다. 나는 평소 현지인과 함께하는 여행을 즐겼다. 그런 내가 불가피하게 호텔을 선택한 이유는 인근에 있는 대통령 조깅 장소를 걸어보고 싶어서였다. 한국에서 메일을 주고받았을 때, 그는 이런 나의 호기심을 충분히 이해해 주었다. 그때는 먼 길을 달려올 그에게 그만큼의 대가를 지불하면 된다고 생각했다. 그러나 그의 겸손과 검소한 태도는 나의 생각을 부끄럽게 했다.

"그럼 이제 마리(Mary)로 가시죠! 그리고 여기 이분이 오늘부터 함께할 기사님이에요."

샤를륵이 섭외한 기사를 소개했다. 선한 인상에 수줍음을 많이 탔다. 그래서 더욱 활기차게 악수를 청했다.

"오! 안녕하세요! 잘 부탁드립니다."

한국어로 인사하자 기사는 어리둥절한 표정으로 샤를륵의 얼굴을 쳐다보았다. 샤를륵이 통역한 후에야 웃음을 보이며 손을 받아들였다.

"마리로 가는 길에 니사(Nisa)에 들릴게요. 그곳에 유적지가 있거든요."

"예! 저는 선생님의 의견에 따를게요."

샤를륵이 어색하다는 듯이 손을 내저었다.

"자꾸 선생님이라고 부르면 부담스러워요. 그냥 샤를륵이라고 부르시면 되는데……."

"그건 제 마음이니 편하게 생각하세요."

니사는 아슈하바트(Ashgabat)에서 약 18킬로미터 떨어진 곳이었다. 전날 밤에 보았던 대통령 조깅 장소를 지나쳤다. 낮에 봐도 눈부시게 아름다웠다. 길목에 두바이의 도움으로 지어진 대형 고아원이 있었다.

니사 유적지에 도착했다. 니사 유적지는 파르티아 제국의 첫 번째 수도로 아르사케스(Arsaces) Ⅰ세에 의해 창건되었다. 이탈리아와 러시아 고고학자들이 참여해 많은 유적을 발굴했다. 터키에서 건축한 이슬람 사원에도 가보기로 했다. 그날은 오후 1시 30분에 입장이 가능했다. 나리로 이동해야 해서 짧은 시간에 사진 여러 장을 촬영했다. 오후 2시 30분에 마리로 이동했다. 초소가 너무 많아서 검문 시간이 이동 시간보다 더 많이 소요됐다.

외곽으로 나오니 도로정비를 하지 않아 길이 엉망이었다. 도시와는 전혀 다른 전경이 펼쳐졌다. 수많은 낙타와 소 떼, 양무리들이 시야를 스쳤다. 험한 길이었다. 그러나 기사는 시속 100킬로미터가 넘는 속도를 유지하며 달려갔다. 차가 흔들릴 때마다 불쑥불쑥 불안감이 솟구쳤다.

해가 질 무렵 마리에 도착했다. 시골마을로 들어가는 길이라서 먼지가 심하게 일었다. 길이 잘 보이지 않을 정도였다.

"곧 회장님이 머무실 곳에 도착해요. 미리 이야기를 해둬서 기다리고 있을 겁니다."

"그래요? 그러면 그곳 가족들에게 줄 선물을 준비하고 싶은데 살 수 있는 곳이?"

"그러면…… 작은 점포가 하나 있어요. 생활이 여유로운 곳이 아니라서 소소한 선물이라도 기뻐할 겁니다."

시골 매점에 들러 소박한 선물 몇 가지를 샀다. 샤를륵이 지정한 공터에 주차를 마친 후 숙소로 향했다.

"이곳이에요!"

가족으로 보이는 십대소녀들이 분주하게 움직이고 있었다. 샤를륵이 집앞에 나와 있는 남자와 몇 마디를 주고받더니 나를 바라보며 환하게 웃었다.

"오늘 사위 결혼식이 있었다네요. 사위가 노래하는 사람이라 축하파티를 위해 오디오 시설까지 준비했다고 합니다. 회장님을 저녁 파티에 초대하고 싶다는데…… 험한 길 오셔서 힘드셨을 텐데 괜찮으시겠어요?"

파티라는 말에 호기심과 흥분이 밀려왔다.

"예! 저는 현지인과 어울리는 걸 좋아해서 괜찮습니다."

음악이 흘러나왔다. 소녀들이 음악에 맞춰 춤을 췄다. 춤솜씨도 보통이 아니었다. 나이가 아흔이 된 노모도 함께했다. 삼대와 어우러져 춤을 추는 모습이 매우 인상적이었다. 몇몇 이웃들이 몰려왔다. 한밤을 위한 축제가 펼쳐지기 시작했다. 주인댁 아내는 교통사고로 머리를 다쳤다. 그래서 처음을 보았을 때는 표정이 어두웠는데, 자녀들과 함께 춤을 추자 생기가 돌았다. 얼굴이 환해졌다.

식탁에 둘러앉았다. 귀와 꼬리를 자른 개가 다가와 다리에 몸을 비볐다. 집주인이 무슨 말을 나에게 전하려 했다.

"이 개가 양 오백 마리를 시킬 정도로 영리한 개라고 합니다. 그래서 좋은 사람을 알아본다는데, 회장님도 좋은 분이라서 반기고 있답니다."

"오, 그래요! 영특하게 생겼네요."

개의 머리를 쓰다듬어주었다. 부엌일을 마친 큰딸과 아들들, 그리고 어린 소녀 두 명까지 한자리에 모였다. 마이크를 쥔 사위는 프로 가수답게 노래솜씨가 뛰어났다. 전체 분위기를 자유자재로 이끌었다. 떠들썩한 즐거움 속에서 밤이 깊어갔다. 그런데 시끄럽다고 문을 두드리는 이웃이 단 한 명도 없었다.

"한국이었으면 경찰이 찾아오고 난리가 났을 거예요!"

샤를록도 동의한다는 듯이 환하게 웃으며 대답했다.

"그래서 저는 이곳이 더 좋아요. 한국이 더 발전한 나라이긴 해도, 점점 사람 사이의 정은 느끼기가 쉽지 않잖아요."

"저도 그 점이 아쉬워요. 경제적으로 부족하다고 평가하는 나라를 여행할 때마다 느끼는 것이지만, 마음만큼은 그들이 더

풍요롭더라고요."

밤의 축제는 끝날 기미가 보이지 않았다. 갑작스럽게 피곤이 밀려왔다. 자리에서 일어섰다. 샤를륵은 계속 이웃들과 정을 나누고 싶은 눈치였다. 먼저 숙소에 들어가 씻고 양치질했다. 잠자리에 들었다. 밖에서 들려오는 음악이 살며시 몸을 덮어주었다. 꿈속에서도 맑고 즐거운 선율이 일렁거렸다.

**

하루는 아침 일찍 일어나 마을 이곳저곳을 둘러보며 사진을 촬영했다. 등교하는 초등학교 학생들이 눈에 들어왔다. 가방에서 카메라를 꺼냈다. 이를 본 젊은 남자가 득달같이 달려와 막아섰다. 그의 표정은 험악했다. 이른 아침이라 샤를륵이 없었다. 손짓과 발짓을 해가며 사진을 찍지 않았다고 표현했다. 그는 의심 가득한 눈초리로 들어도 전혀 알 수 없는 훈계를 늘어놓고 돌아섰다. 그렇다고 하고 싶은 일을 멈출 내가 아니었다. 그가 멀어지자 다시 카메라를 꺼내 들었다. 때마침 큰 트레일러가 마을 사람들을 태워 어디론가 달려가고 있었다.

"시내로 가는 사람들인가?"

그 장면을 카메라에 담았다. 그리고는 샤를륵을 만나기 위해 숙소로 돌아갔다. 숙소 앞에서 손을 흔드는 샤를룩이 보였다. 나도 손을 흔들며 반가움을 표현했다. 그러나 반가움은 갑자기 들이닥친 흙먼지와 함께 사라졌다. 차 네 대가 숙소 앞에 주차했다. 샤를룩이 그들과 대화를 주고받았다.

"합동수사단이라고 하네요!"

샤를룩의 표정이 점점 심각해졌다.

"혹시 사진 찍으셨어요?"

"……예. 마을을 한 바퀴 산책하면서……."

"아…… 아무래도 경찰서에 가야 할 것 같습니다. 저도 함께요."

우리는 합동조사단 차에 태워졌다. 경찰서에 도착하자 정보부와 경찰의 합동 취조가 이어졌다. 조사 이유는 목화밭으로 가는 차를 촬영해서였다. 시내 나가는 차인 줄 알았다고 해명했다. 그러나 그들은 전혀 믿으려 하지 않았다. 나로 인해 선교사로 활동하는 샤를룩에게 좋지 않은 일이 생길지도 모른다는 생각에 덜컥 마음이 내려앉았다.

"목화밭 일에는 어린아이부터 노인까지 동원돼요. 아마도 이게 인권문제로 국제사회에 이슈가 될까 걱정하는 눈치예요. 저와 회장님이 외국인이라서 더 우려가 큰 것 같은데……."

끝도 없이 펼쳐지는
투르크메니스탄의 광활한 목화밭

그들은 몇 번이고 조사실을 이동하며 취조했다. 방만 바뀔 뿐 질문과 답변은 변하지 않았다. 조사를 위해 장소를 옮기는 동안 대통령 사진만 열두 장을 보았다. 책상마다 《루흐나마 Ruhnama》가 놓여 있었다. 《루흐나마》는 투르크메니스탄의 종신 대통령을 역임한 사파르무라트 아타예비치 니야조프(투르크멘어: Saparmyrat Ataýewiç Nyýazow)가 자서전 형식으로 쓴 책으로 2001년에 출간됐다.

오전 7시 30분에 시작된 취조는 오후가 돼서야 끝났다. 경찰서에서 나오자마자 안도의 한숨을 몰아쉬었다. 그런데 경찰관 한 명이 뛰어와 샤를룩을 붙들었다. 다시 샤를룩의 표정이 심각해졌다.

"제 서류가 하나 빠져서 더 조사가 필요하다고 하네요. 오래 걸리지 않을 테니 걱정하지 마시고 숙소에 가 계세요."

나는 머리를 푹 숙였다.

"미안해서 고개를 들지 못하겠네요."

"제가 이곳에서 오래 거주했기 때문에 괜찮을 거예요. 숙소에서 봬요."

샤를룩을 뒤로하고 차에 태워졌다. 시동이 걸렸다. 그런데 도저히 샤를룩을 혼자 두고 갈 수가 없었다. 마음이 너무나 아려왔다. 차 문을 열고 다시 경찰서로 뛰어 들어갔다. 그리고는 샤를룩이 조사를 마칠 때까지 함께 있겠다고 떼를 썼다.

"너무 걱정돼서 안 되겠어요! 기다렸다가 함께 갈게요!"

샤를룩이 어린아이를 타이르듯 조용히 말했다.

"조사가 끝난 사람을 경찰서 내부에 두는 건 허락하지 않을 겁니다. 게다가 외국인이잖아요. ……안 되면 돈을 써서라도 해결하면 되니까 안심하세요."

투르크멘은 월 50달러를 주면 입대를 하지 않아도 됐다. 법정 최고형이 주어지는 살인도 돈으로 해결할 수 있을 정도로 부패가 심각했다. 나는 샤를룩의 손을 꼭 잡았다.

"……대신 돈이 필요하면 저에게 꼭 말씀해주세요!"

샤를룩도 내 손을 꼭 쥐었다.

"예! 그럴게요. 그렇게 할 테니 안심하고 먼저 가세요!"

어쩔 수 없이 샤를룩을 뒤로하고 돌아섰다.

숙소에 도착해 초조하게 문 앞을 서성거렸다. 말은 통하지 않았지만, 내 모습이 안쓰러웠는지 기사가 다가와서 어깨를 토닥거렸다.

해질 무렵 멀리서 손을 흔드는 사람의 모습이 보였다. 샤를룩이었다. 나는 그를 보자마자 너무 반가워서 달려가 얼싸안았다.

나도 모르게 눈물이 흘러내렸다. 그날 하루의 모든 감정이 뜨거운 눈물로 뭉쳐져 볼을 타고 흘러내렸다.

나의 걱정과 기도가 하늘에 닿았던 것일까? 샤를륵이 전해준 뒷이야기는 매우 극적이었다. 풀려날 가능성이 보이지 않아 상심하고 있을 때, 한국방문 경험이 있는 고위직 간부가 어떻게 알았는지 찾아왔다고 했다. 그는 담당 조사관들에게 한국문화를 설명하고 이해를 구했다. 게다가 일정 금액까지 지불해서 샤를륵이 조사를 마칠 수 있도록 도와주었다. 간절히 기도하는 사람에게 기적은 멀리 있지 않았다.

**

샤를륵과 나는 사막시장을 거쳐 카스피해(Caspian Sea)로 향하기로 했다. 긴 여정이라 우선 배를 채워야 했다. 가는 길목마다 대통령 사진이 있었다. 조금 과장해 원하든 원하지 않든, 5분마다 대통령의 얼굴을 봐야 했다. 식사를 위해 카페에 들렀다.

"식당 입구까지 대통령이 점령했네요!"

샤를륵이 웃으며 대답했다.

"익숙하지 않으시죠? 이 나라에서는 기업 광고보다 대통령 사진을 훨씬 많이 보실 겁니다!"

식사를 주문하고 기다리고 있는데, 험악한 인상을 한 남자가 맞은편 식탁에서 손짓했다. 샤를록이 그에게로 가서 대화를 주고받았다. 다행히 심각한 대화는 아닌 것 같았다. 샤를록이 돌아와서 부른 이유를 설명했다.

"자기가 정보부 직원인데 투르크멘에 살면서 무슨 일이 생기면 연락을 주고, 또 서로 정보교환도 하자고 하네요."

이 나라가 어떤 나라인지 도무지 알 수가 없었다. 빨리 떠나는 것이 안전할 것 같았다.

"앞으로 촬영할 때 조심하세요. 마리에서 멀어지면 제 활동 반경 밖이라 대처가 힘들어요."

나는 고개를 끄덕였다. 독재가 심각해서인지 민간경찰 수도 많았다. 그래서 계속 감시당하는 느낌이었다. 이런 스트레스 때문에 지난 새벽에는 심하게 설사했다. 배가 빈 상태라 힘이 전혀 없었다. 여행을 위해 의무감으로라도 먹으려 했지만, 막상 음식이 나왔을 때는 속이 불편해 입에 대지 못했다. 빈속으로 카페에서 나왔더니 힘이 더 빠졌다. 카메라 가방조차 메기 싫을 정도였다. 겨우겨우 사막시장에 도착했다. 인산인해라 표현해도 좋을 정도로 많은 인파가 모여 있었다. 전통의상을 입은 여성들이 문화에 대한 호기심을 자극했다. 그들과 소통하며 호흡하는 사이 설사에 대한 기억이 사라졌다. 몸에 생기가 돌았다.

카스피해로 가기 위해 시내에 있는 공항으로 이동했다. 항공료는 3만6천 마낫(TMT), 우리나라 돈으로 1천800원이었다. 공항에 도착하자 사막시장과는 전혀 다른 분위기가 느껴졌다. 사람이 없었다. 텅 빈 공항 이곳저곳을 살펴보는 사이 티켓을 마련하기 위해 자리를 비웠던 샤를룩이 돌아왔다.

"미리 예약하지 못해서 세 배가 넘는 웃돈을 주고 샀어요. 7천 원이나 들었네요. 일주일 전에 예약하면 정가고요, 늦으면 금액이 올라간답니다. 제가 여행을 많이 한 사람이 아니라서 정보를 제대로 확인하지……."

사람이 없는 상황에서 티켓이 없다는 사실을 이해할 수 없었다. 그래도 나로 인해 고생을 마다하지 않는 샤를룩을 위해 불평을 늘어놓을 수는 없었다.

"아니에요! 저 때문에 여러모로 고생하시는 선생님께 감사할 뿐이지요."

오후 2시 20분에 출발하는 비행기를 탔다. 아니나 다를까 기내에도 대통령 사진이 걸려 있었다. 서비스로 음료수가 나왔다. 그외 과자와 빵은 전부 사 먹어야 했다. 보잉사에서 제작한 새

비행기여서 실내는 쾌적했다. 승무원들 모두가 친절했다. 그러나 이런 공간과 어울리지 않게 파리들이 적지 않게 날아다녔다. 잡화상들이 탑승한 게 이유 같았다. 샤를록이 승무원에게 도착 예정 시간을 묻고 나에게 전달했다.

"약 한 시간 성도 걸린다고 해요."

"금방 가겠네요. 그러니까 부산에서 서울까지 거리 정도군요."

"그렇네요. 본가가 서울에 있는데, 귀국하면 회장님이 계신 부산에 놀러 갈게요."

"그래요! 꼭 오셔야 해요! 제가 맛있는 음식을 대접하겠습니다."

비행기가 이륙했다. 창문으로 내다보니 끝이 보이지 않는 사막이 펼쳐졌다. 졸음이 밀려와 잠시 눈을 감았다 떴다. 잠이 깊었는지, 어느새 카스피해 상공이었다. 바다는 원래 푸르러야 하지만 강물처럼 뿌옇게 일렁거렸다.

"카스피해가 바다냐, 호수냐 하는 문제는 아직 증명이 안 된 상태라고 하던데, 강물이 모이는 호수여서 저렇게 뿌옇게 보이는 건가? 주위에 풀 한 포기도 없는 걸 보면 국제적으로 통용되는 바다라는 표기가 맞는 것 같기도 하고."

샤를록은 나의 호기심 넘치는 중얼거림에 살짝 웃음을 보였다.

또 공항에서 여권을 요청했다. 그 자리에서 이런저런 조사를 이유로 삼십 분 넘게 시간을 허비했다. 카스피 해안이 아제르바이잔(Azerbaijan), 이란, 카자흐스탄, 러시아, 투르크메니스탄 등의 국경을 다섯 개나 끼고 있어 철저한 검사를 진행하는 것은 이해할 수 있었다. 그래서 더욱 샤를룩이 없었다면 얼마나 험난한 여정이 되었을까 하는 생각이 스쳐갔다. 공항에서 나와 카스피 해안으로 이동했다. 한산한 해안으로 석양에 물든 파도가 밀려왔다. 우리는 나란히 해안을 걸었다. 세르다르 호텔(SERDAR HOTEL)이 눈에 들어왔다. 우리는 그곳에서의 숙박을 결정했다.

로비에 들어서자 피아노가 먼저 눈에 들어왔다. 나도 모르게 발걸음을 피아노로 옮겼다. 건반에 손가락이 올려졌다. 노래가 흘러나왔다. 호텔 안에 있는 몇몇 사람의 시선이 나에게 고정됐다. '즐거운 나의 집'을 열창했다. 손님이 없어서였는지 종업원들까지 합세하여 합창했다. 노래가 끝나자 기다렸다는 듯이 앙코르를 외쳤다. 앙코르 곡으로 〈에델바이스〉를 불렀다. 각기 다른 언어로 하나가 된 노래가 호텔 가득히 울려 퍼졌다. 다시 앙코르가 들려왔다. 순간 왜 그랬을까? 마지막으로 떠오르는 노래는 〈오 대니 보이〉였다. Oh Danny boy the pipes the pipes are calling……. 어쩌면 그 이유가……. From glen to glen and down the mountain side……. 곧 있을 샤를록에 대한 그리움 때문일지 모른다고 생각했다.

*
**

공항에 도착하면 매번 샤를록의 몸이 바빠졌다. 투르크멘바시(투르크멘어: Türkmenbaçy)에서 다슈오구즈(Dashoguz)까지 3만6천600마낫(약 1천800원)인데 여섯 배 웃돈을 들여 티켓을 마련했다. 오후 3시에 출발하는 비행기가 삼십 분을 연착했다. 52인승 비행기였다. 승무원들이 계속 시끄럽게 떠들어댔다. 몇 번씩 교대로 승객 수를 셌다. 탑승 후 약 이십 분이 지났지만 에어컨 시설이 작동하지 않아 찜통이 따로 없었다.

"비행기가 출발하면 가동이 되려나? 그건 그렇고, 자리가 이렇게 많이 비어 있는데 왜 웃돈을 여섯 배나 더 주고 타야 하는지 도무지 이해가 가질 않네요?"

샤를록이 한숨을 내뱉으며 말했다.

"독재의 영향으로 밑바닥까지 부패해서 그럴 겁니다."

"그렇겠죠! 아무리 맑은 물이라도, 고여 있으면 썩게 마련이니까요."

비행기가 이륙했다. 그런데 몇 분 지나지 않아 한 여성승객이 멀미를 시작했다. 대처방법을 배우지 않았는지 승무원들 모두가 어쩔 줄 몰라 하며 허둥댔다. 누군가는 해결해야 할 것 같아 내가 가서 맥을 짚었다. 몸의 상태는 괜찮았다.

"걱정 안 해도 될 것 같은데요. 단순 멀미 같아요."

샤를륵의 통역에 승무원이 의사냐고 물었다. 샤를륵 역시 궁금한 눈빛으로 대답을 기다렸다. 의무병으로 월남전에 참전했기에 의료에 관한 기초지식이 있었다. 당황하는 승무원들보다 나을 것 같아 직접 나섰지만, 그 자리에서 지나온 삶의 이력을 모두 설명할 수는 없었다. 그래서 의사는 아니지만, 의료 분야에서 종사했다는 말을 샤를륵을 통해 전달했다.

1시간 반을 넘게 비행해 다슈오구즈에 도착했다. 차로 한 시간을 더 이동하면 코네우르겐치(투르크멘어: Gadymy Ürgenç)에 도착할 수 있었다. 코네우르겐치는 투르크메니스탄이고 우르겐치(우즈베크어: Urganch)는 우즈베키스탄이었다. 그래서 우르겐치와 가까워 투르크메니스탄이지만 우즈베크어를 함께 사용한다. 샤를륵이 분주하게 움직여 이동수단을 구했다. 그런데 샤를륵과 함께 온 차는 오래됐고, 노인도 나이가 상당해 보였다. 제대로 운전할 수 있을지 걱정이 앞섰다.

"다슈오구즈에서 코네우르겐치까지 130Km 정도 되는데요, 급하게 구하다 보니 선택지가 별로 없네요."

샤를륵이 머리를 긁적이며 나의 반응을 기다렸다.

"아니에요. 멀고 먼 이국에서 목적지로 이동할 수 있는 수단을 구할 수 있다는 것 자체가 감사한 일이죠."

차는 걱정과는 달리 그런 대로 잘 굴러갔다. 그래서 안도하는 순간, 멀리서 당나귀 한 마리가 도로 위로 뛰어드는 모습이 보였다. 운전기사는 당나귀가 가까워져도 속도를 줄이지 않았다. 샤를륵이 기사에게 소리질러 겨우 당나귀가 생명을 건질 수 있었다. 기사는 나이가 57살이라고 했다. 하지만 기사의 말과는 달리 더 든 것이 분명했다. 시력은 물론 청력도 좋지 않았다. 계속해서 불안이 밀려왔다. 우마차의 경우 반사판이 없어 종종 기사의 시력을 시험했다. 그렇게 겨우겨우 코네우르겐치에 도착했다. 차에서 내려 운전기사와 헤어질 때는 가파른 절벽을 무사히 통과한 심정이었다. 서로 마음이 통했는지 샤를륵도 나도 마주보며 한참을 웃었다.

"숙소를 정해야 할 텐데 어떻게 할까요? 호텔을 알아볼까요?"

"둘 다 초행길이니 그편이 좋을 것 같네요."

샤를룩이 아이를 안은 부부에게 호텔 위치를 물었다. 그런데 부부에게서 뜻밖의 대답이 돌아왔다.

"회장님! 이분이 자기 집에 머물러도 된다는데 어떻게 하실래요?"

"역시 시골 인심이네요. 좋은 경험이 될 것 같기도 하고…… 그렇게 하죠!"

부부는 나들이를 나왔고, 집은 택시로 십 분 거리에 있다고 했다. 우리는 부부와 함께 택시를 탔다. 그러나 부부의 말과는 달리 택시가 한참을 달린 후에야 부부의 집에 도착했다. 조심스레 집안을 둘러보았다. 화장실이 멀리 떨어져 있었다. 아직 어린 자녀들도 많았다. 부부의 집을 숙소로 정하기에는 무리가 있었다. 그래서 부부에게 고맙다고 말하고 감사의 표시로 1만 마낫을 전달했다. 부부의 집에서 나와 택시를 잡기 위해 왔던 길을 더듬었다. 한참 길을 걷고 있을 때 등 뒤에서 누군가 소리쳤다. 부부였다. 가슴에 무언가를 안고 뛰어오고 있었다. 부부가 숨을 헐떡이며 우리 앞에 멈춰 섰다. 그리고는 가슴에 안고 있던 커다란 빵을 내밀며 말했다.

"시장하니까 저녁으로 먹으라고 합니다. 그리고 택시도 잡아준다고 기다리라고도 하네요."

샤를륵이 감동한 표정을 지었다.

택시를 잡은 부부는 기사에게 호텔까지 드는 비용을 모두 지불했다. 그리고는 연신 미안하다는 말을 반복했다. 부부의 진심 어린 마음에 눈시울이 붉어졌다.

여행의 매력은 알 수 없는 미래로 가득 차 있다는 점에 있다. 출발지와 목적지는 분명했다. 그러나 그 안에 놓인 과정은 미지에 있었다. 나는 이런 여행의 매력에 흥분을 느꼈다. 아니나 다를까 샤를륵과 몇 마디 대화를 주고받던 택시 기사가 새로운 제안을 해왔다.

"회장님! 이분이 호텔 대신 자기 집에서 숙박하셔도 된답니다. 하지만 같은 일이 반복되면 안 되니까, 그냥 호텔로 가시는 게 나을 것 같은데,……어떠세요?"

"아니에요. 얼마나 좋은 기회입니까? 기사님 집에 가자고 해요! 이런 게 여행의 묘미 아니겠어요."

기사의 집에 도착했다. 그러나 부부의 집에서 머물 수 없었던 이유와는 정반대의 이유로 여장을 풀 수 없었다. 집이 대궐처럼 컸다. 샤를륵은 내일 일정을 걱정하며 기사에게 두세 번 확인했다. 그때마다 기사는 자기 집이 맞다며 호탕하게 웃었다. 우리는 대궐 같은 집을 두고 왜 택시를 모는지 이해할 수 없었다. 모친도 부인도 함께 살고 있다고 했다. 그의 부인이 준비한 식탁에 앉은 후에야, 비로소 기사의 말을 믿을 수 있었다. 총 이백십 평. 삼대가 함께 산다고 했다. 나는 재미있어 취재에 들어갔다. 기념으로 사진촬영을 하려고 하니 아이들이 미국 국기를 들고 나왔다. 궁금해서 이유를 물었다.

"자기들은 투르크멘에 살지만, 사실은 우즈베크인이라고 합니다. 국경이 잘못돼 여기 있을 뿐이라고요."

기사의 집안은 화목했다. 늦은 시간까지 이야기를 나누다 잠을 청했다.

선잠을 자다 깼다. 잠을 도저히 이룰 수 없어 조심조심 불을 켰다. 그런데 잠든 줄만 알았던 샤를록이 눈을 뜨고 있었다.

"그간의 일기를 기록해 두고 싶어서요. 괜찮나요?"

나는 고요해야 할 샤를록의 밤을 흔들고 싶지 않아 속삭이듯 말했다.

"예. 저는 괜찮아요."

샤를록이 돌아누웠다. 잠시 후 고요한 방에 온기 가득한 목소리가 들려왔다.

"회장님과 함께했던 아름다운 시간들, 오래오래 기억할게요! 고맙습니다!"

샤를륵이 잠에서 깼다.
"그간의 일기를 기록해 두고 싶어서요.
　괜찮나요?"
"예! 저는 괜찮아요."
샤를륵이 돌아누웠다

***

　투르크메니스탄에서는 손님을 아버지보다 더 높은 위치로 생각했다. 그래서 나도 그만큼 극진한 대접을 받았다. 숙식비로 15만 마낫(약 7천500원)을 지불했다. 기사부부는 흐뭇하게 웃었다. 호텔에서는 경험할 수 없는 인간애를 만나 나 역시 기뻤다.

　우즈베키스탄 우르겐치(Urganch)에서 타슈켄트(Toshkent) 항공을 놓칠 수 없어 서둘러 움직였다. 오후 8시 20분 비행기가 있었다. 그런데 역시나 문제가 생겼다. 티켓을 구할 수가 없었다.

　"기다리면 혹시 모르니 기다려 볼까요?"

　기다리다 있으면 다행이지만 없으면 계획했던 일정을 취소해야 해서 걱정이 앞섰다.

　"……다른 방법은 없을까요?"

　"버스가 있기는 합니다. 물어보니 버스로는 열여덟 시간을 가야 한다고 합니다."

　갑자기 버스를 타고 여행하는 장면이 머릿속을 스쳤다. 뭔가 낭만적인 느낌이 들어 순식간에 결정했다.

　"그러면 버스 타고 가겠습니다!"

　"버스가 오후 2시 25분 역앞에서 출발한다고 했는데…… 아!

곧 출발합니다. 빨리 움직이셔야 해요!"

샤를륵이 발걸음을 재촉했다. 갑작스럽게 어떤 슬픔이 밀려왔다. 나는 샤를륵의 손을 잡았다.

"그렇군요. 어느 순간부터 우리가 헤어져야 한다는 걸 잊고 있었네요. 그만큼 즐거웠다는 뜻이겠죠."

샤를륵과 약속했던 여행 기간이 끝났다. 고마움과 감사의 말을 준비하기도 전에 이별이 왔다.

"예. ……앞으로도 건강하셔서 세계 모든 나라를 다 돌아보세요!"

입술이 떨어지지 않아 대답 대신 고개를 끄덕였다. 샤를륵이 버스정류장을 향해 뛰어갔다. 그리고는 내가 승차할 준비를 순식간에 마쳤다. 그만큼 이별이 임박했다는 뜻이기도 했다. 버스에 승차하기 전에 그와 긴 포옹으로 인사했다.

"선교사님도 하나님의 은총 속에서 하루하루 행복한 삶을 살아가시길 기도합니다!"

여행지에서의 나는 언제나 어린아이가 됐다. 펑펑 눈물이 쏟아졌다. 그를 뒤로하고 버스에 올라탔다. 천천히 버스가 출발했다. 그가 손을 흔들었다. 그의 손끝을 따라 내 마음도 흔들거렸다. 한없이 흘러넘치는 고마움이 눈물로 맺혔다. 샤를륵의 얼굴이 점점 더 선명하게, 희미해지고 있었다. 나는 새롭게 다짐해야 했다.

"그래! 이제 다시 혼자서 가는 거다!"

주먹을 불끈 쥐었다. 대장정의 막이 올랐다. 차창 밖, 농부들은 추수에 바빴고, 가축들은 풀을 뜯기에 바빴다. 엄청난 수의 소 떼가 지나갔다. 목화밭이 펼쳐졌다. 아무다리야(Amu Darya) 강을 지나갔다. 끝없이 펼쳐진 광야 위로 틈틈이 낙타가 걸어갔다. 나는 상당히 흥분해 있었다. 지고 있는 황혼에 취해 마음을 주체할 수가 없었다. 감동과 놀라움, 경이와 전율, 가슴이 진정되지 않았다. 95년도에 아프리카에서 보츠와나(Botswana)에 갔다. 그때도 많은 감동이었지만, 비할 수 없을 정도로 벅찬 기쁨이 소용돌이쳤다.

혼자만의 여행이 이렇게 뜨거운 감정을 불러올 줄은 몰랐다. 아니다. 혼자만의 여행이 아니었다. 샤를록 그리고 나. 혼자이기에 모든 것들이 내 곁에 머물렀고, 나 또한 그들 곁을 걸었다. 꾀 많고 이익을 계산하는 현실 속의 나보다 여행지에서의 바보 같은 내가 훨씬 좋았다. 자연 속에서, 그리고 음악 속에서 깊이 전율할 수 있는 삶. 음악을 좋아해서, 음악을 들으며 펑펑 운 적이 한두 번이 아니었지만, 음악이 주는 감동 이상을 여행과 자연에서 느낄 수 있었다.

붉게 타오르던 황혼이 졌다. 나도 아름답고 멋있게 인생을 살아서 불타는 황혼에 향기를 묻으리라. 그리고 다시 황야를 밝히는 달처럼 떠올라 사랑하는 이들의 발걸음을 밝히리라. 삶의 여정이 아름다우면 그 끝에 반드시 향기가 있으리니…… 멀리서 내가 살고 싶은 해맑은 아침햇살의 속살거림이 번져오고 있었다.

나도 아름답고 멋지게 인생을 살아서
불타는 황혼에 향기를 묻으리라

빠샤 아저씨
2012.06.08~2012.07.25

2012년 6월의 어느 날, 나는 우즈베키스탄(Uzbekistan)으로 향했다. 비행기가 멈춰 서자, 오랜 비행으로 지친 사람들이 분주하게 짐을 챙겼다. 출입문이 열렸다. 어디선가 또박또박 내 이름을 부르는 소리가 들려왔다. 눈이 마주쳤다. 그와 나는 단번에 서로를 알아보았다. 그를 향해 손을 들어 보였다. 그가 환하게 웃는 모습으로 자신이 있는 쪽으로 나오라며 손짓했다. 그에게 다가서자, 살며시 고개를 숙이고는 자신의 이름을 소개했다.

"안녕하세요. 저는 빠샤입니다. 도용복 회장님 맞으시죠?"

그의 정중한 마중에 고개가 저절로 숙여졌다. 나보다 열 살은 더 들어 보이는 노인이었다. 한국말을 잘하는 고려인이어서 의사소통에는 문제가 없을 것 같았다.

"예! 이렇게 만나서 반갑습니다. 함께 여행하는 동안 잘 부탁드려요."

여행 전, 현지에서 사업을 추진 중인 지인으로부터 그를 소개받았다. 관광 명소보다 사람을 여행하고 싶었던 나는, 가이드가 아닌 그곳에서 함께 걷고 감정을 공유할 수 있는 친구를 찾았다. 지인은 빠샤 아저씨를 내 또래 정도로 생각하고 있었다. 그래서 비슷한 연령이라 즐거운 여행이 될 거라는 덕담도 했다. 이런 이유로 빠샤 아저씨의 얼굴을 확인하는 순간 잠시 걱정이 밀려왔다. 다른 무엇보다 노년의 체력이 나의 호기심을 감당할 수 없을 것 같아서였다.

자정이 가까운 시각, 주말임에도 첫발을 내디딘 거리는 한적했다. 빠샤 아저씨가 준비한 차에 탔다. 넓은 도로 위로 드문드문 주행하는 차가 보였다. 숙소에 도착하기 전까지 우리는 통과의례처럼 형식적인 질문과 답변을 주고받았다. 가족 사항이라든가, 나이라든가, 운전경력과 같은 사소한 이야기들이었다. 대화가 오가는 동안 빠샤 아저씨의 체력에 대한 걱정은 기우라는 것을 알게 됐다. 그의 목소리는 활기찼고, 때때로 호탕하게 웃기도 했다. 물리적인 체력은 알 수 없으나, 영혼만큼은 그 누구보다도 건강해 보였다. 숙소에 도착하자 피곤이 밀려왔다.

"비행기를 오래 타서 많이 피곤하시죠? 내일 오전까지 푹 쉬시고, 오후에 만나는 게 어때요?"

"괜찮습니다. 제가 여행을 시작하면 청년이 되기 때문에 힘이 넘치거든요. ……아침 7시에 만나서 일정을 시작하는 건 어때요?"

"알겠습니다! 그럼 내일 아침에 오겠습니다."

빠샤 아저씨가 돌아갔다. 숙소 여기저기를 살펴본 뒤 간단히 몸을 씻었다. 침대에 누우니 스르르 잠이 밀려왔다. 순간 내일 아침 일찍 일어날 수 있을까 하는 물음이 머릿속을 스쳤다. 그러나 여행지에서 피곤으로 인한 걱정은 늘 기우에 가까웠다. 눈이 떠졌다. 역시나, 새벽 6시였다.

세면을 마친 후 의자에 앉았다. 시침이 아침 7시를 가리키지도 않았는데 벌써 햇볕이 뜨거웠다. 더위에 약해 뜨거워지는 햇살이 부담스러웠다. 창문을 열었다. 숙소로 걸어오는 빠샤 아저씨의 모습이 보였다. 손을 흔들어 깨어 있음을 알렸다. 문을 열고 그를 마중했다.

"좋은 아침입니다!"

여행에 대한 기대감 때문이었는지 나도 모르게 목소리에 힘이 들어갔다.

"예! 잠은 잘 주무셨어요?"

"물론이죠! 비행기에서 자지 않은 게 시차적응에 도움이 됐습니다. 아저씨는요?"

"저도 잘 잤습니다.……그런데 오늘 어디로 모시면 될까요?"

"어이쿠! 모신다니요? 그냥 먼 곳에서 온 친구에게 사는 곳을 소개해 주신다고 생각하시고, 발길 닿는 곳으로 가시면 됩니다!"

빠샤 아저씨는 나의 이런 여행 방식이 이상했는지 고개를 갸웃거렸다.

"그러면…… 아침 식사도 해야 하니, ……시장에 갈까요? 그 후에는…… 침간산(Mt.Chimgan)에 가봐요!"

"그거 좋은 생각이네요. 시장에 가야 사람 사는 모습을 제대로 보지요."

빠샤 아저씨와 나는 주말에만 열리는 벼룩시장에 갔다. 우즈베크어로 양기아바드(Yangiabod)라 했다. 어젯밤 한적했던 모습과는 정반대로 가는 곳마다 차량이 넘쳐났다. 시장 규모는 매우 컸다. 새 물건들은 없고 모두 중고품들이었다. 없는 것이 없어 보일 정도로 다양한 물건들을 판매하고 있었다. 의류, 신발, 약, 가전제품, 고기, 새, 물고기, DVD, 핸드폰, 장난감 등 인간이 사용하는 모든 물건이 다 있었다. 양기아바드를 빠져 나와 꿀룩(우즈베크어: Куйлюкский) 시장으로 갔다. 식품과 과일을 파는 시장이었다. 양기아바드에 비하면 한결 깨끗하게 관리되고 있었다. 과일의 당도가 높아 어떤 과일이나 맛이 일품이었다. 살구, 복숭아, 체리 등 몇 가지 과일을 9천500숨(UZS)에 구입했다. 빠샤 아저씨와 나는 과일로 아침식사를 해결했다.

침간산으로 출발했다. 숙소에서 두 시간 정도 걸리는 곳으로 높은 산까지 오르내리는 리프트가 유명하다고 했다. 중국부터 이어져오는 산맥에 쌓인 눈이 녹아 도시에 물을 공급했다. 침간산으로 올라가는 길은 차에 타고 있어도 느낄 수 있을 만큼 가팔랐다. 몇 개의 능선을 넘어 차르박 호수(Charvak Lake)에 도착했다.

"겨울철에 눈이 많이 내리면 물난리를 걱정했던 시절이 있었어요. 침간산에 쌓였던 눈이 녹으면 가끔 물로 인한 피해가 발생하곤 했죠. 그래서 차르박에 댐을 건설해 거대한 호수를 만들었어요."

"와! 정말 큰 호수네요."

호수 규모는 바다라고 이야기해도 믿을 수 있을 정도로 컸다. 바다를 볼 수 없는 이 지역 사람들은 차르박에서 피서를 즐겼다. 보트를 타고 여가를 즐길 수 있는 시설과 펜션, 민박집이 호수 주변으로 즐비했다. 차르박에서 흘러내리는 강줄기를 따라 줄을 이은 별장들이 이 지역의 인기를 실감하게 했다. 이삼십 분 정도 호수를 끼고 능선을 넘어가자 침간산에 오르는 리프트가 있었다. 1인당 7천 숨이었다. 십오 분 정도를 타고 오르는 리프트는 유명세에 맞지 않게 허술했다. 두 사람만 타도 몸을 움직이기가 불편했다. 그런데 아이들을 안고 타는 사람들도 있었다. 울지 않고 얌전히 안겨 있는 아이들이 더 신기했다. 리프트를 타고 정상에 도착해 바라본 풍경은 말로 다 표현할 수 없을 정도로 아름다웠다. 색색이 고운 풍경화로 360도를 둘러싸놓은 듯했다. 광활한 대지와 겹겹이 쌓인 능선, 자연이 그린 곡선의 아름다움을 체감할 수 있었다.

*
**

그날은 군사박물관 앞에서 건물사진을 촬영하고 있었다. 갑자기 군인 한 명이 다급하게 달려와 소리쳤다. 촬영이 금지된 곳인 줄 알고 순간 마음을 졸였다. 빠샤 아저씨가 군인에게 다가가 대화를 나눴다. 처음에는 여행자의 무지에 대해 양해를 구하는 줄 알았다. 그런데 알고 보니 군인이 소리친 이유는 다소 황당한 데 있었다.

"여기서는 사진을 찍으려면 촬영비용을 지불해야 합니다."

무척 당황스러워 얼굴을 찡그렸다.

"……얼마나요?"

"입장료는 따로 받는 데 3천 숨이고요, 사진을 찍으려면 3천 500숨을 더 내셔야 해요. 여기서 제 입장료는 공짜고요."

입장료보다 사진촬영 비용이 더 비쌌다. 나는 조금은 마땅치 못한 표정으로 입장료와 사진 촬영비용을 지불했다. 빠샤 아저씨는 낙천적이라 내 기분과는 관계없이 상냥하게 웃고 있었다.

군사박물관은 구석기 시대부터 현대까지 인간이 사용했던 무기를 전시하고 있었다. 3층은 구석기 시대부터 중세 시대 술탄이 대제국을 이룩하며 사용했던 창, 칼, 해머, 갑옷 등을 전시하고 있었다. 2층에는 근대에 사용하던 총포류, 2차 세계대전을 거치며 사용했던 군사 장비, 그리고 현재 사용하는 무기들을 전시했다. 관람객이라고는 빠샤 아저씨와 나뿐이어서 오랜 시간 천천히 둘러볼 수 있었다.

인근 아무르티무르(Amir Temur) 박물관으로 이동했다. 시내

한가운데 위치한 커다란 돔 형태의 건축물이라 쉽게 알아볼 수 있었다. 박물관마다 유명세에 따라 입장료와 사진촬영 비용이 달랐다. 아무르티무르 박물관은 더 높은 비용을 청구했다.

"여기는 저를 포함한 입장료가 5천 숨이고요, 사진은 2만 숨이에요. 어떻게 하실래요?"

한숨이 저절로 나왔지만 어쩔 수 없었다.

"돈 버는 방법도 참 정말 여러 가지네요!"

빠샤 아저씨가 껄껄껄 웃어댔다. 이상하게도 그의 천진한 웃음이 마음을 한결 편안하게 했다.

1400년경 중앙아시아를 지배했던 대제국의 술탄. 거대한 영토를 지배했던 술탄답게 아무르티무르 박물관에는 이야기가 많았다. 사마르칸트(Samarqand)를 수도로 정하고 여러 유적지와 무덤 등을 남겼다. 박물관은 사마르칸트 유적지의 모형들과 그림, 유물 몇과 대를 이은 왕들의 초상화를 전시하고 있었다.

박물관을 마주하고 아무르티무르 공원이 있었다. 아무르티무르 공원에서 도로를 가로지르면 브로드웨이 거리. 브로드웨이 거리는 옛 명성을 잃어 전만큼 볼거리가 없다고 했다. 다시 큰길을 건너 찾아간 곳은 무스타킬릭(Mustaqillk) 광장이었다. 넓은 인공 저수지와 백여 개의 물줄기가 장관을 이뤘다. 저수지 한편에는 사람들이 걸어서 지날 수 있게 물을 얕게 해 단을 만들어 놓았다. 사람들이 그곳에서 신발을 벗고 발을 적셨다. 분수가 뿜어져 나오는 길을 오가며 더위를 식히기도 했다. 길을 따라 걷다 보니 바닥에 사람들의 낙서가 빼꼼히 적혀 있었다.

"이 중에는 사랑을 약속한 연인들의 서약도 있겠죠?"

"그렇겠죠! 아무래도 젊은이들이 많이 찾는 장소니까요. 아마 찾아보면 한국어도 있을지 몰라요."

"어디 한번 찾아볼까요?"

나는 네잎 클로버를 찾는 소년처럼 열중했다. 그러나 낙서가 너무 많아 보고 싶었던 한글은 만나지 못했다.

무스타킬릭은 우즈베크어로 독립을 뜻했다. 구소련에서 가장 큰 레닌 동상이 있던 자리에 현재는 우즈베키스탄의 독립을 상징하는 커다란 구체가 세워져 있었다. 광장에서 조금 걸어 나오니 오페라하우스가 보였다. 분수 뒤에 자리한 오페라하우스는 고풍스러운 외관을 자랑했다. 화려한 문양장식이 사람들의 눈길을 끌기에 충분했다. 2차 세계대전 때 잡혀 온 일본군 포로들에 의해서 1947년에 지어졌다. 빠샤 아저씨는 이런 이야기를 소개하며 국립 역사박물관으로 안내했다.

"시내 한복판을 걸어서 이렇게 다양한 박물관과 넓은 광장을 접할 수 있다는 게 축복처럼 느껴지네요."

빠샤 아저씨는 내 말을 이해하지 못해 대답을 주저했다.

"제가 많은 곳을 여행했지만, 이렇게 여러 박물관이 한꺼번에 인접해 있는 경우는 보질 못했거든요."

"아! 그래요? 우리 같은 노인들은 잘 모르지요. 먹고 사는 일에 바빠서 어딜 다녀본 것도 아니라서요."

조금은 미안한 마음이 들었다. 나와 같은 사람들의 여행이 빠샤 아저씨에게는 사치일 수 있겠다는 생각에 더 말을 잇지 않았다.

국립역사박물관도 화려한 문양으로 외관을 장식하고 있었다. 오른쪽 출입구에는 고려인박물관이 조그맣게 마련돼 있었다. 처음 이주해온 고려인들이 김장하는 모습과 의복, 칠첩반상과 병풍 등이 전부였다. 전시품이 많지 않았지만, 국가를 대표하는 박물관에 고려인을 위한 전시실이 따로 있다는 사실은, 우즈베키스탄에서 고려인들이 차지하는 비중이 작지 않음을 시사했다. 내심 흐뭇한 감정이 생겨났다.

숙소로 돌아오는 길에 우즈베크의 코리아타운이라고 불리는 가스피탈리 바자르(우즈베크어: Госпитальный базар)에 들렀다. 한국의 차이나타운을 생각했는데, 이는 큰 착각이었다. 시장 옆 도로변에 열 개 남짓한 1층 높이의 상가가 코리아타운의 전부였다. 게다가 몇 개 점포는 비어 있었다. 처음으로 들어간 상점은 조그만 구멍가게였다. 한국에서 제조한 비누, 샴푸 등의 생필품과 과자, 식료품 등을 진열해놓고 판매하고 있었다. 먼 이국에서 한국제품을 구할 수 있다는 사실 하나만을 위안으로 삼았다. 라면 다섯 개를 구매했다. 상가에서 나왔는데, 바로 옆 식당에서 낮술에 취한 여성이 바닥에 주저앉아 있었다. 중년 남성이 여성에게 고래고래 소리치며 손찌검을 하려는 것을 주변에서 말렸다. 한국에서도 그리 낯설지 않은 풍경이어서, 사람 사는 곳은 다 비슷하다고 생각했다.

**
*

타슈켄트(Toshkent)를 빠져나와 50분 정도 떨어진 시골마을에 도착했다. 비포장 길로 5분 정도 더 들어가자 얕은 능선으로 둘러싸인 저수지가 있었다. 빠샤 아저씨의 고려인 친구 두 명이 먼저 와서 낚시를 즐기고 있었다. 첫 만남임에도 빠샤 아저씨의 친화력 덕분에 빠른 속도로 가까워졌다.

"사할린에서 태어나 1966년 지진이 나던 해에 이곳으로 이주했어요."

"아이고! 어르신 고생 많이 하셨겠어요."

"말로는 다 표현할 수 없죠. 우리 세대 사람들이 다 그랬어요."

빠샤 아저씨의 친구 중 한 명은 한국말을 잘했다. 원래 전혀 하지 못했는데, 빠샤 아저씨에게 배웠다고 했다. 알고 보니 빠샤 아저씨는 우즈베크에서 한국어 선생님으로 활약하기도 했다.

다른 한 분은 사우나에서 근무했다. 새벽에 일하고 와서 피곤했는지, 낚싯대를 물속에 던져놓고 그늘에 자리를 깔고 누웠다. 나는 우즈베크의 사우나는 어떨지 궁금했다.

"아저씨! 여기 사우나도 한국과 같나요?"

빠샤 아저씨는 한국에 머물렀던 자신의 경험을 덧붙여 이야기했다.

"한국과는 좀 달라요. 여기는 사우나 내에 풀장, 당구장, 마사지 시설이 다 갖추어져 있어요. 방처럼 만들어져 있어 한 명이 가나 여러 명이 가나 방 한 개를 빌려야 하니, 여러 명이 함께 가는 것이 좋아요. 보통 여덟 명 기준에 4만 숨이에요."

나도 모르게 장난기가 발동해 농담을 던졌다.

"그럼, 아저씨처럼 엉큼한 사람들이 좋아하겠어요?"

"아니지요, 도 회장님처럼 엉큼한 사람이지요!"

"하하하! 그럼 우리 두 사람처럼요!"

고요한 낚시터에 한바탕 웃음이 지나갔다.

　낚시는 한국과 다르지 않았다. 낚싯바늘에 지렁이 미끼를 끼워 물고기를 잡았다. 더러 큰 것들도 잡힌다고 했는데, 보통 10~15Cm 남짓한 것들만 잡혔다. 일제강점기 때 이곳으로 이주한 고려인들은 먹을 것이 없어 낚시로 생계를 유지했다.

　"당시만 해도 이곳 우즈베크인들은 생선을 먹지 않았어요. 그래서 우리 고려인들이 뱀을 잡아먹는다고 놀림도 많이 당했죠. 그때는 매일 고향을 그리워했는데……."

　당시 아시아와 유럽 일대를 뒤덮었던 공산주의 혁명과 2차 세계대전은 그들의 발을 묶었다. 모두가 전쟁이 끝나면 고향으로 돌아가리라 마음먹었다. 그러나 소련의 공산주의 체제는 그들의 꿈을 막아 세웠다.

　"먹고 살기가 힘들었고, 돈이 없던 시기였지만…… 그때는 돈이 있어도 고향에 갈 수 없었어요. 그나마 고려인들은 생활력이 강하고 착실했기 때문에 이곳에서 정착을 할 수 있었죠. 먹을 것이 없어 감자를 키워 주식으로 삼았고, 산에 야생하는 당나귀를 잡아먹기도 했어요."

　빠샤 아저씨의 젊은 시절 이야기를 듣고 나서, 아저씨의 낚시는 취미가 아니라 생활이라는 것을 알 수 있었다.

"이민 1세대들의 노력으로 2세대들은 교육 기회가 늘었고, 큰 회사에 취업해서 생활이 조금 나아졌어요. 이 나라에서는 아직 배출하지 못했지만, 이웃 카자흐스탄에는 고려인 출신 장관이 세 명이나 돼요. 워낙 성실하고 똑똑해서 정부기관에서도 유대인과 고려인들은 묻지 말고 채용하라고 할 정도지요. 물론 3세대 이후부턴 언어도 잃어버리고 종족 간 결혼도 희박해져서 핏줄이 계속 유지될 수 있을지는 장담할 순 없지만요."

내 낚싯대는 10Cm 붕어 한 마리를 잡은 후 깜깜 무소식이었다. 빠샤 아저씨는 그래도 두세 마리는 잡았다. 10시가 되자 하나같이 식사하자며 모여들었다. 식사는 빠샤 아저씨의 친구가 준비해서 가져왔다. 메뉴는 감자와 오이, 토마토와 삶은 달걀, 특별 소스는 고추장이었다. 집에서 직접 담갔다는 고추장은 한국 고추장보다 더 맛있었다. 한 가지 특별해 보이는 음식이 있는데, 돼지고기 요리였다. 살과 비계가 적당히 있는 삼겹살을 통째로 열흘 간 소금에 절여 고춧가루로 양념한 음식이었다. 돼지고기가 생고기라 쉬이 손이 가지 않았다. 그러나 항상 호기심이 문제였다. 맛이 궁금해서 한 점을 집어 입에 물었는데, 지독하게 짠맛이 입속에 퍼졌다. 고기 맛은 전혀 느낄 수가 없었다. 더운 나라인 탓에 간을 짜게 한다는 것은 알고 있었지만, 짜도 너무 짰다. 두 번 먹고 싶지는 않았다.

식사 중에 저수지 주인이 찾아왔다. 삼십대 초반의 외모가 준수한 청년이었다. 저수지에 어린 치어를 풀어 키운 사람이라고 했다. 그래서 저수지를 이용하기 위해서는 반드시 청년의 허가를 얻어야 했다. 물론 여러 경찰과 인연이 깊은 빠샤 아저씨는 예외였다. 그와 악수를 하고 인사를 나눴다. 첫 만남이었지만 빠샤 아저씨 때문이었는지 제법 친밀하게 대했다. 그날 낚시에서 나의 실적은 물고기 한 마리가 전부였다. 원래 낚시에 흥미가 없었던 터라 큰 기대는 없었다. 정오가 지나 해가 머리 위로 올라왔다. 그늘도 없는 땡볕이어서 서 있기가 힘들었다. 우리는 다음에 낚시터에서 만나기로 하고 헤어졌다.

*
**

타슈켄트 시에서 약 30분 정도 거리에 공원이 있었다. 이름은 잔기 아타. 빠샤 아저씨에게 물어보니 잔기 아타는 '검다'라는 뜻이라고 했다. 14세기 이 지역의 부족장이자 지도자였던 셰이크 아이-호좌의 별명으로 그에 대한 존경의 의미로 이름보다 잔기 아타라는 별칭을 사용했다. 그러니까 공원은 아이-호좌와 그의 아내 무덤이기도 했다.

차에서 내리자마자 바로 넓은 정원이 눈에 들어왔다. 초록의 정원 뒤로 큰 인공 저수지가 있었다. 나무 그늘 아래서 더위를 식히는 사람들과 물가에서 발장구치며 뛰어노는 아이들이 보였다. 저수지 한편에는 지하에서 솟아오르는 물을 마시려는 사람들과 사진을 촬영하는 사람들이 모여 있었다. 식수로도 사용했는지 물통을 여러 개 들고 와서 물을 받아가는 사람도 있었다.

"여기 지하수를 마시면 행운을 가져다준다는 이야기가 있어요."

"그래요? 한국도 비슷한 전설을 가진 약수터들이 있었죠. 지금은 중금속 문제로 대부분 사라졌지만요. 사람 사는 곳은 어디나 똑같나 봐요."

빠샤 아저씨가 물통에 물을 받고 있던 사람에게 부탁해 물 한 컵을 얻었다. 그리고는 나에게 마셔보길 권했다.

"자, 행운이 여기 있습니다."

"고맙습니다! 아저씨 때문에 오늘부터 제 미래가 행운으로 넘쳐나겠네요."

빠샤 아저씨가 고개를 끄덕이며 환하게 웃었다. 나는 단번에 물을 들이켰다. 그리고 빈 컵에 물을 받아 빠샤 아저씨에게 권했다.

"자, 아저씨도 한 잔!"

"어이쿠! 우리 둘 다 행운이 넘쳐나겠네!"

사람은 혼자서는 살아갈 수 없기에 서로가 서로에게 스밀 때 행복이 찾아왔다. 빠샤 아저씨와 나는 그런 순간 안에 있었다.

저수지 뒤편으로 웅장하게 서 있는 모스크(Mosque) 입구에 들어섰다. 중앙에서 중심을 잡듯이 서 있는 미나레트(Minaret) 가 눈에 들어왔다. 주변은 모두 코란을 공부하는 방으로 둘러싸여 있었다. 모스크의 우측 편 좁은 출입구로 사람들이 오가길래 다른 건물이 있는가 해서 따라 들어갔다.

"어디 가시게요?"

오래 걸어서 힘들었는지 빠샤 아저씨의 목소리에 기력이 없었다.

"피곤하시죠? 먼저 차에 가 계세요. 혼자서 좀 둘러보다 갈게요!"

"……그러면 너무 오래 있지 말고 빨리 오셔야 해요."

나는 혹 빠샤 아저씨가 미안한 마음을 가질까 큰 소리로 대답했다.

"예, 알겠습니다!"

묘지가 있었다. 한국의 무덤과 비교하면 너무나도 작았다. 잔디조차 없어 봉분은 금방이라도 부스러져 흘러내릴 듯했다. 무덤마다 조그만 비석이 세워져 있었다. 그나마 돈이 좀 있는 사람은 검은 대리석에 얼굴 사진을 넣어두었다. 그리고 이슬람의 상징인 초승달 모양의 창대를 꽂아놓았다. 이곳에서도 죽음은 영원한 이별을 뜻했다. 무덤 앞에 서 있는 노부부의 뒷모습에서 크나큰 슬픔이 느껴졌다. 정원으로 나왔다. 뛰어다니는 활기찬 아이들의 목소리 때문에 노부부의 뒷모습이 먼 과거처럼 느껴졌다. 문 하나를 사이에 두고 전혀 다른 세계가 출렁이고 있었다.

차로 가서 잔기 아타 뒤편에서 본 노부부와 무덤에 대해 이야기했다. 빠샤 아저씨는 무슨 생각이 떠올랐는지 잠시 침묵했다가 말을 이었다.

"숙소로 가는 길에 고려인들 묘지가 있어요."

"아, 그래요? 그럼 가는 길에 들러요!"

빠샤 아저씨가 긴 한숨을 내쉬며 대답했다.

"……그래요."

갑자기 침울해진 그의 표정 때문에 조심스럽게 이유를 물었다. 손녀가 그곳에 묻혀 있다고 했다.

"열 살이 되던 해에 병으로 죽었어요. 폐와 심장에 문제가 있어서 한국에서 수술을 받았는데……."

빠샤 아저씨가 한참을 머뭇거렸다.

"……죽었어요. 폐수술을 먼저 진행한 뒤 경과를 지켜보고 심장수술을 하기로 했지만, 결과가 좋지 않아 심장수술은 시도하지도 못했죠. ……손녀가 아주 예뻤어요."

빠샤 아저씨의 말끝에서 형언할 수 없는 아픔이 만져졌다.

황량한 벌판, 허술한 철책 안으로 비석들이 보였다. 바람이 불어오면 흙먼지가 묘지의 공허함을 부추겼다. 입구에 들어서자 빠샤 아저씨는 어느 한 묘지 앞으로 가서 듬성듬성 자라난 잡초들을 제거했다.

"잘 있었지? 지금도 너무나 보고 싶구나!"

비석에 붙은 사진 속에 예쁘고 귀여운 소녀가 있었다.

"비록 병원이었지만, 한국에 있을 때 사랑을 참 많이 받았어요. 아침만 되면 다른 병실 사람들이 손녀를 데리고 갔어요. 너무 귀엽고 예쁘다고요. 매일같이 그렇게 놀다가 저녁때나 제 병실로 돌아왔죠."

나도 아이를 먼저 보낸 기억이 있어서 그의 마음을 충분히 헤아릴 수 있었다. 그래서 더욱 어떤 위로의 말도 전하지 못했다.

그러나 우리는 충분히 서로의 마음을 공유하고 있었다.

이곳의 묘지도 땅에 입관한 뒤 대리석으로 바닥을 덮고 사진이 들어 있는 묘비를 세웠다. 돈이 있는 사람들은 가격이 있는 검은 대리석을, 가난한 사람들은 질이 떨어지는 흰색 대리석을 사용했다. 묘지를 사는 비용은 15만 숨 정도로 그리 비싸지는 않았다. 그러나 대리석으로 치장하는 비용이 400달러에서 많게는 800달러까지 들었다. 그래서 묘비 대리석의 색깔이나 묘지의 크기를 보면 생전의 사회적 지위와 경제력을 알 수 있었다. 묘지를 만드는 데 큰 비용이 들어가므로, 가족의 경우 대리석을 걷어 두 구 혹은 세 구도 묻었다. 이는 한 대리석 앞에 묘비가 두세 개씩 세워져 있는 이유였다.

빠샤 아저씨가 차량 검사를 받으러 간다고 했다.

"신차는 2년에 한 번, 4년이 지난 차는 1년에 한 번 의무적으로 검사를 받아야 해요."

"그럼 아저씨는 1년에 한 번 받으시겠네요?"

빠샤 아저씨의 목소리가 다른 때보다 활기차게 느껴졌다.

"물론이죠! 그런데 오늘은, 제 차가 아니라 다른 사람 차랍니다.”

밀려오는 호기심을 주체하지 못해 함께 가겠다고 말했다. 빠샤 아저씨는 흔쾌히 수락했다. 차량 검사소는 경찰서 관할이었다. 그래서 경찰과 인맥이 두터운 빠샤 아저씨는 검사를 잘 받을 수 있도록 중간에서 도움을 주고 일정부분 수수료를 받고 있었다. 그 돈이 반찬값 정도는 된다고 했다.

“검사 기준은 까다로운가요?”

“배기가스 배출이 심하거나, 유리가 깨어졌다거나, 차량이 찌그러지고 파손돼도 통과할 수 없어요.”

나는 고개를 갸웃거리며 길 위의 차들을 가리켰다.

“참 이상하네요. 삼십 년도 넘어 보이는 찌그러진 차들이 저렇게 수도 없이 달리고 있는데, 그럼 저 차들은……?”

“그게 사람들이 저를 찾는 이유지요!”

나는 곧 빠샤 아저씨의 대답을 이해할 수 있었다. 낡은 차량을 운행하는 사람들에게 수리비는 배보다 배꼽이 더 클 수 있었다. 그래서 빠샤 아저씨에게 약간의 수수료를 지불하고 검사통과를 보장받는 길을 선택했다. 차량검사만이 아니었다. 단속으로 인해서 면허가 취소된 사람이나 재시험을 쳐서 새로 면허를 취득해야 하는 사람도 빠샤 아저씨를 통해서 면허를 갱신했다.

그는 자신의 인맥으로 큰 힘을 들이지 않고 용돈벌이를 짭짤하게 하고 있었다.

차량검사소의 외형은 한국과 크게 다르지 않았다. 접수동 건물과 검사장 건물이 따로 있었다. 검사동은 차량 하부를 검사할 수 있도록 밑이 파인 통로 하나와 점검을 할 수 있는 검사실로 구성돼 있었다. 삼십 분을 넘게 지켜봤는데, 대기하는 차량 중 실제 검사를 받는 차는 한 대도 없었다. 빠샤 아저씨가 검사관과 이런저런 얘기를 나눌 뿐이었다. 빠샤 아저씨를 통해 검사가 예정된 차는 두 대였다. 둘 다 삼십 년이 넘은 러시아 차량이었다. 굴러가는 것이 다행이라고 생각될 정도로 낡았다. 그래도 검사 때문에 나름 정비를 했는지, 찌그러진 부분을 망치로 펴고 비슷한 색으로 페인트칠을 했다. 그것도 차량용이 아닌 일반 페인트를 사용했다. 차량은 검사소에는 들어가지도 않았다. 아저씨가 서류를 들고 오가면 차량은 그냥 돌아갔다. 부당한 거래를 목격했지만, 마음 한편에서는 빠샤 아저씨의 능력에 대한 감탄이 연신 출렁거렸다.

*
**

타슈모레(우즈베크어: таш море)로 가는 길에 김병화 농장에 들렀다. 우즈베크에 도착했을 때는 첫 방문지로 손꼽았다. 그러나 빠샤 아저씨가 문을 열지 않을 때가 많아 미리 약속하지 않으면 헛걸음할 수 있다고 해서 일정을 미루었었다. 김병화 농장은 생각했던 것보다 크지는 않았다. 정원에는 김병화 흉상이 세워져 있었다. 때마침 그날은 손님이 있었는지, 관리인이 있어 입장할 수 있었다. 김병화는 고려인으로 우즈베크의 황무지를 개간해 식량을 대량으로 공급했다. 그 공로를 인정받아 훈장을 받기도 했다. 집단농장으로 마을 전체가 김병화 꼴호스(러시아어: колхоз)라 불렸다. 두 개의 방에 김병화가 사용했던 책상과 옷, 그리고 마을의 역사가 담긴 사진들을 전시했다. 김영삼 정부시절 대통령 내외가 방문했을 때 촬영한 사진도 걸려 있었다. 입구 쪽에 걸린 큰 괘종시계는 김영삼 대통령이 기증한 것이라고 했다. 김병화 농장의 고려인 수는 한때 천오백 명을 넘어섰다. 그러나 시대가 변해 고려인들이 새로운 일자리를 찾아 타슈켄트와 러시아로 떠나면서 그 수가 현저하게 줄었다. 방명록에 간단하게 기록을 남겼다. 그곳의 역사가 오래오래 기억되길 기도하는 마음으로 5천 숨을 후원함에 넣었다.

시내에서 삼사십 분 정도 떨어진 타슈모레는 도시로 물을 공급하기 위해 만들어진 인공 저수지였다. 1955년에 공사를 시작해서 1964년에 완공했다. 전체 면적이 20제곱킬로미터에 이르렀다. 차르박보다는 작은 규모였지만 인공으로 만들어진 저수지임을 감안하면 아주 넓은 면적이었다.

빠샤 아저씨는 저수지 끝까지 가서 차를 댔다. 내려서 보니 한눈에 다 들어오지 않을 정도로 넓었다. 옆 제방 경사를 따라 걸으며 어린아이 두 명이 물놀이를 하고 있었다. 저수지 반대쪽으로는 해수욕을 위해 평상을 대여해주는 상점들이 들어서 있었다. 몇몇은 환호성을 지르며 수상 스포츠를 즐겼다. 바다가 없는 곳이라 저수지가 피서지를 대신했다.

더운 여름이어서 입맛이 뚝 떨어졌다. 한국에서라면 시원한 냉면이 어울릴 듯한 날씨였다. 빠샤 아저씨가 타슈모레에서 돌아오는 길에 국시를 먹자고 했다. 타슈켄트 시내 근교에 있는 국시집을 찾아갔다. 고려인들이 운영하는 국시집은 대부분 동네 한구석에서 주택을 개조해 식당으로 사용했다. 그래서 하나같이 간판이 없었다. 모르는 사람은 찾기가 쉽지 않을 것 같았다. 그런데도 손님이 꾸준했다.

"간판도 없는데 찾아오는 손님이 적지 않네요."

"입소문이 나서 그래요. 한 번도 와보지 않았지만, 제 귀에 들릴 정도였으니 꽤 실력 있는 식당이겠죠."

국시와 만두를 시켜 배를 채우고 있었다. 그런데 맞은편 테이블에서 식사를 다 마친 경찰 두 명이 빠샤 아저씨를 알아보고는 반갑게 인사했다. 순간 차량 검사장에서 묻지 못했던 질문이 떠올랐다. 경찰들이 식당을 나간 후 빠샤 아저씨에게 물었다.

"아저씨는 어떻게 경찰들과 친분을 쌓게 됐어요?"

빠샤 아저씨가 뭔가 자랑할 것이 많은 사람처럼 껄껄거리며 웃었다.

"젊었을 때 경찰관으로 일한 적이 있어요. 4년 정도였지만, 그때 만났던 사람들과 인연을 지속하다보니, 지금은 타슈켄트 경찰의 8, 90프로와 알고 지내요."

"와! 대단하시네요. 그러면…… 왜 그만두셨어요?"

대답하기 곤란한 질문이었는지, 빠샤 아저씨가 주변을 한 번 둘러보고 작은 목소리로 말했다.

"……그게, 경찰이라는 직업이 한 달 생활비도 벌기 힘든 박봉이라……"

뒷말은 하지 않아도 짐작할 수 있었다. 빠샤 아저씨는 스스로 민망함을 느꼈는지 말을 돌리기에 바빴다. 구소련 시절이 더 살기 좋았다고 푸념을 늘어놓기도 했다. 그때는 1년 일하면 1개월을 쉴 수 있었다고 했다.

빠샤 아저씨는 나이가 있어 체력 소모가 빨랐다. 그래도 아침에 만날 때면 항상 활짝 웃는 모습으로 손을 흔들었다. 나는 그런 빠샤 아저씨가 좋았다. 열흘 가까이 타슈켄트 근교를 다니다 보니 더 갈 곳이 없었다. 매일 어딜 갈까 고민했지만, 빠샤 아저씨도 어느 순간부터 딱히 갈 곳이 없어 고민하기 시작했다. 그래서 한국에서 가져온 우즈베크 책자를 보여주며 가보지 않은 곳을 가보자고 제안했다.

지진 기념비(Tashkent Earthquake Statues)를 찾아갔다. 도심에서 그리 멀지 않은 곳에 설치된 거대한 동상이 있었다. 다른 명소와는 다르게 동상 이외에는 아무것도 없었다. 빠샤 아저씨에게 사연이 있는 장소이기도 했다.

"1966년도였어요. 타슈켄트에 큰 지진이 있었는데, 많은 사상자와 재산 피해가 있었어요. 하지만 신문에 보도된 사망자는 단 여덟 명뿐이었죠. 제가 그때 복구작업 현장에 있었는데, 직접 손으로 치운 시신만도 아홉 구입니다. 아이 두 명을 꼭 껴안고 죽은 어머니를 포함해서요."

"정부에서 축소했군요."

"나는 그렇게 생각해요. 당시엔 흙을 이겨 주택을 만들었고, 지진이 일어난 시각도 새벽녘이다 보니 피해가 훨씬 컸을 거예요."

그날이 떠올랐는지 빠샤 아저씨의 목소리에 진지함이 묻어났다.

"그럼, 빠샤 아저씨는 어떻게?"

"살 사람은 살게 되는 건지 모르겠지만, 저는 벽이 반대로 무너지는 바람에 구사일생으로 살았죠."

5시 22분. 지진의 진원지에 설치된 육면체에는 지진이 일어났던 시간이 기록돼 있었다. 다시 지진이 오면 아이와 여성을 꼭 지켜내겠다는 듯이, 남자가 지진을 막고 있는 듯한 형상을 취하고 있었다. 동상 주변으로 지진 후 도시를 재건하는 그림이 양각돼 있었다. 타슈켄트는 지진 이후 지금처럼 현대적인 도시로 바꾸는 전기를 마련했다. 지진 기념비 옆으로 잘 정비된 하천을 따라 데이트를 즐기는 연인이 보였다. 평일이어서 유동인구가 많지 않았다. 가끔 산책을 즐기는 가족들과 개를 데리고 나온 여인이 지나갔다.

'비애하는 어머니'를 보기 위해 추모의 광장으로 이동했다. 빠샤 아저씨도 동상이 어디에 있는지 몰라 행인에게 물어야 했다. 출입구에서 경찰이 소지품 검사를 진행하고 있었다. 빠샤 아저씨 때문이었는지, 우리는 검사 없이 통과했다. 입구부터 시원하게 뚫린 큰길이 끝이 보이지 않을 정도로 길게 이어져 있었다. 입구에서 얼마 걷지 않아 왼쪽에 우즈베크 전통양식의 건물 두 채가 보였다. 높은 목조건물 아래에는 칸마다 금속 책자가 있었고 책자에는 사람들의 이름이 빼곡히 적혀 있었다.

"2차 세계대전 당시 사망한 전사자들 이름이에요."

우즈베키스탄은 한 개의 자치공화국과 열두 개의 주로 이루어져 있는데, 주마다 각각 책을 만들어 전사자의 이름을 기록해 두었다.

"저도 어린 시절에 6·25를 경험했던 터라, 전쟁이라는 말만 들어도 끔찍해요. 그래서 우리 후손들은 평화를 이뤄서 다 잘 살았으면 좋겠어요."

"저도 그래요. 젊은 세대들은 부모들이 갖는 이런 마음을 절대 모를 거예요."

목조 건물에서부터 한 방향으로 꽃길이 길게 이어져 있었다. '비애하는 어머니'는 그 꽃길이 끝나는 지점에 위치해 있었다. 사망한 사람들을 애도하는 상징물로 우울하고 애통한 표정을 짓고 있었다. 동상을 밝히기 위해 가스로 불을 켜 놓았는데, 곁에 한 문장이 새겨져 있었다. 빠샤 아저씨가 나의 이해를 돕기 위해 또박또박 문장을 읽어내려갔다.

"당신은 항상 제 가슴속에 있습니다. 사랑하는 이여!"

마음이 엄숙해졌다. 문득 사랑하는 아내와 자녀들이 떠올랐다.

＊
＊＊

새벽 4시에 기상했다. 7시 우르겐치(Urganch)행 비행기를 타기 위해 아침부터 서둘렀다. 약속했던 다섯 시가 되기도 전에 빠샤 아저씨가 문을 두드렸다.

"왜 이렇게 일찍 오셨어요?"

"혹시나, 저 때문에 여행 일정이 늦어지면 곤란하잖아요. 오늘이 마지막 날인데, 웃는 얼굴로 인사해야지요."

빠샤 아저씨의 사려 깊은 말 한 마디에 순간 눈물이 핑 돌았다.

"아저씨로 인해서 너무나 행복한 시간을 보냈어요. 진심으로 감사해요."

공항에 주차할 곳이 마땅치 않아 택시를 잡아탔다. 길 위에서 새벽을 깨우는 사람들이 분주하게 움직이고 있었다. 버스 정류소 옆 넓은 공터에 사람들이 모여 있었다.

"저기 저 모습은 한국에서도 많이 볼 수 있는 풍경인데, 인력 시장인가요?"

"예! 맞아요. 일용직으로 일하는 사람들이죠."

빠샤 아저씨의 말에 의하면 인력 시장을 찾는 사람들 모두가 일거리를 얻는 건 아니었다. 운 좋게 일을 하더라도 하루 일당이 15달러에서 20달러에 불과했다. 이는 우즈베크 돈으로 2만 숨에서 2만5천 숨 정도의 수준이었다. 한 끼 식사가 5천 숨임을 감안하면 혼자 살아가기에도 빠듯한 수입이었다.

공항은 새로 개장해 외부에서 보기에는 깨끗했다. 출입을 제한하고 있어 입구에서 내려 공항 출입국 검문소에 여권과 티켓을 보여주었다. 그런데 늘 그렇듯 공항에만 도착하면 문제가 발생했다. 빠샤 아저씨가 당황한 목소리로 말했다.

"회장님! 아침 7시 비행기가 취소됐습니다. 뭐, 이런 경우가 있는지……."

빠샤 아저씨가 나를 대신해 공항 관계자들에게 항의했다. 그러나 달리 방법을 찾을 수가 없었다. 우선은 공항으로 이동했다. 청사 내 편의시설이라고는 자판기 한 대가 전부였다. 빠샤 아저씨는 정보를 얻기 위해 분주하게 움직였다. 그리고는 어두운 표정으로 돌아와 이야기했다.

"회장님! 비행기에 결함이 생겨 수리 중이라고 합니다. 그리고 좌석이 남아 있는 비행기는 내일 아침 6시 30분이고요."

난감한 상황이었다.

"걱정입니다. 내일 오후 4시에 출발하는 우르겐치-나보이 (Urganch-Navoiy) 열차를 예약해 두었기 때문에 오늘 안에는 히바(우즈베크어: Xiva)에 도착해야 하는데……."

제때 도착하지 못하면 15~25퍼센트 패널티를 물고 열차표와 돌아오는 비행기를 모두 취소해야 할 상황이었다. 나는 당혹감으로 한숨을 푹 내쉬었다. 우즈베크인들은 늘 있는 일이어서였는지, 사전 고지 없이 비행기가 결항됐는데도 항의하는 사람이 한 사람도 없었다.

"한국 같으면 이런 경우 큰소리가 오가고 난리가 났을 거예요. 항공료뿐만 아니라 손해보상 청구도 줄이었을 겁니다."

빠샤 아저씨는 어색한 웃음을 지으며 머리를 긁적였다.

"여기선 공항 관계자가 말하면 그걸로 끝입니다. 그래도 혹시 문제가 일찍 해결되면 출발할 수도 있으니 기다려 봐요."

대책 없이 있어야 한다는 사실에 한숨만 만발했다.

"힘드시죠?"

"몸보다 마음이 힘드네요. 계획한 다음 일정이 있으니까요."

침울한 표정으로 의자에 앉아 있었다. 빠샤 아저씨가 조심스레 내 기분을 살폈다. 그리고는 과거 자신에게 있었던 일화를 꺼냈다.

"상황은 다르지만, 옛날 일이 떠오르네요. 러시아에 계신 어머니를 만나고 가족들이 있는 우즈베크로 돌아가려 했는데, 오늘처럼 비행기가 없는 거예요. 수중에 가지고 있는 돈이 적어서 어머니 댁으로 돌아갈 수도 없는 상황이었어요. 그래서 일주일을 공항에서 보냈죠."

"……아저씨에 비하면 저는 상황이 훨씬 좋은 편이네요."

내가 퉁명스럽게 대답하자 빠샤 아저씨가 다시 머리를 긁적였다.

"그런 뜻으로 말씀드린 건 아니고요, 저도 누군가와 이야기하고 싶었나 봐요."

빠샤 아저씨의 진지한 표정이 차츰 불편한 감정을 지워갔다.

"그래서 어떻게 됐어요?"

"돈이 없어 빵을 쪼개 먹으며 버텼어요. 닷새째 되는 날 그나마 가지고 있던 돈도 다 떨어져서 정말 난감했죠. 그때부턴 무작정 굶었어요. 이러다 죽겠구나 싶더라고요. 다행히 우즈베크인을 만나 돈을 조금 빌릴 수 있었는데, 때마침 기적적으로 비행기가 편성돼 귀국할 수 있었죠."

무슨 생각이 들었는지 이야기를 마친 빠샤 아저씨가 벌떡 일어섰다.

"혹시 좌석이 나온 비행기가 있으면 뒷돈을 좀 줘서라도 챙겨야겠어요. 누가 알아요? 기적처럼 기회가 생길지……"

"아저씨! 그렇게 무리하지 않으셔도 돼요."

"기다려보세요. 제가 볼품없이 늙었어도 왕년에는 경찰이었잖아요."

빠샤 아저씨의 돌아서는 뒷모습에서 잠시 아버지의 등이 스쳐갔다.

공항과 가까운 지역에 연고가 없는 몇몇 사람들만 자리를 지켰다. 마음에 적막감이 맴돌았다. 그렇게 한 시간 정도가 지났을까? 빠샤 아저씨는 어디서 무엇을 하는지 그때까지도 모습을 보이지 않았다. 혹시나 무슨 일이 생겼을까 걱정이 되기도 했다. 비행기 표를 구하는 일과 무관하게 사례비를 넉넉하게 드려야겠다고 생각했다. 그 순간 숨을 헐떡이며 달려오는 빠샤 아저씨가 보였다.

"있어요, 있어! 지금 빨리 가야 해요!"

"예? 뭐가?"

질문을 꺼내기도 전에 빠샤 아저씨는 나의 팔을 붙들고 뛰기 시작했다.

"시간이 없어요. 줄 것 주고, 받을 것 받아서, 제때 출국심사

마치려면 뛰어야 해요."

"뭘 줘야 하는……?"

"몰라서 물어요? 뒷돈!"

나도 모르게 웃음이 나왔다. 숨을 헐떡이는 빠샤 아저씨도 웃고 있었다.

빠샤 아저씨의 도움으로 무사히 우르겐치-니보이 열차를 탈수 있었다. 열차를 타고 가는 내내 빠샤 아저씨와 함께했던 시간을 떠올렸다. 여행이 열어놓은 미지의 세계 속에서 많은 사람들을 만났다. 만났지만 만남의 의미가 빛나는 건 늘 헤어질 때였다. 존재가 늘 존재의 부재 속에서 반짝이는 것처럼…….

대부분 그러했듯이, 빠샤 아저씨와도 낭만적인 이별의 말을 나누지는 못했다. 그래서 더욱 스치는 인연이 아니라 스미는 인연을 살아가겠다고 다짐했다. 인간은 모두 유한한 존재이지만, 그렇기에 서로가 서로에게 스며드는 인연을 살아간다면, 이별은 다시 사랑의 무한을 약속할 수 있다는 것을 숱한 여행을 통해 배워왔다. 나의 시간 속에는 이미 빠샤 아저씨의 친절함과 다정함이 스며 있었다. 그래서 더욱 이별은 새로운 시작을 의미했다. 우르겐치-나보이 열차가 달려갔다. 또 다른 빠샤 아저씨가 그곳에 있다고, 저녁이 무수히 많은 별들을 품고 산들거렸다.

우르겐치-나보이 열차가 달려갔다
또 다른 빠샤 아저씨를 향해서

제3부 아마존
MEMO: AMAZON

여행은 마술피리

인천공항 오후 4시 30분 출발. LA행. 초등학생들이 단체로 많이 타서 시끄러운 데다, 기체가 흔들리니 더 야단이다. 너무 많이 흔들려 속이 좋지 않다. 금방이라도 토할 것 같고 불안하다. 유언장을 쓰고 온 것이 다행이란 생각마저 든다.

중남미를 여행할 땐 원 없이 신문을 한 장 한 장을 다 본다. 그뿐인가? 멋진 영화, 멋진 오페라도 여유 있게 즐길 수 있다. 오늘은 《마술피리》를 본다. 정말 아무 방해 없이. 슬픈 사랑도 기쁘게, 힘든 사랑도 쉽게, 모든 것을 마술피리가 다 해결한다. 현란한 소프라노의 기교 넘치는 소리, 음성. 어떻게 인간의 목소리가 저렇게나 아름다울 수 있는지? 《마술피리》를 볼 때마다 감탄한다. 파파게노(Papageno) 역의 베이스도 보통 목소리는 넘는다.

누구나 사랑에 빠지면 착해진다는 것을

누구나 사랑에 빠지면 기뻐한다는 것을

누구나 사랑에 빠지면 즐거워한다는 것을

누구나 사랑에 빠지면 인생의 날개를 단다는 것을

남자의 아내와 여자의 남편을 신의 이름으로 찬미하라

　　　　　　　　　　- 볼프강 아마데우스 모차르트

LA공항 도착. 겹겹이 서 있는 줄이 약 100m가 넘는다. 10열은 족히 될 것 같다. 너무 어이가 없어 안내원에게 물어보니, 두세 시간 정도 걸린단다. 100m가 아니라 자세히 보니 200m 같다. 현지 시간 오전 10시 40분. 이틀 밤을 거의 못 잤다. 황열병 예방주사까지 맞는데 걱정이다.

손님들은 대부분 멕시코와 중남미를 가는 사람들이다. 인디오(Indio), 메스티소(Mestizo) 등 수많은 인종이 보인다. NO.1~NO.17까지 한 칸 거리가 내 발걸음으로 열두 걸음이다. 날씬한 사람부터 뚱뚱한 사람까지 세상의 인종이 다 보인다. 우리 줄을 네 명이 검색하다 두 명이 빠져버린다. 시간은 점점 늦어지고, 짐은 벌써 도착해 화물이 바뀌어서 번잡하니 조심하라는 안내방송이 나온다. 오후 1시에 출국 수속을 마치고 나온다. 걸린 시간은 2시간 20분. 이미그레이션 문제가 생겨 10분 더 소요.

공항에 홍성호라는 분이 나와 있다. 상당히 멋있다. 출중한 외모에다 내면을 갖춘 사람이다. 음악 Cafe를 운영해서 음악 실력도 대단하다.

송 목사님 댁에 도착. 부인은 수간호사로 연간 13만 달러를 번다. 딸의 변호사 친구가 미래를 약속하는 징표로 캐논 카메라를 선물했다고 자랑한다. 아들은 사업을 준비하고 있다. 다복한 집안이다. 송 목사님은 청바지가 잘 어울리는 잘 생긴 목사님이다. 저녁을 대접받았는데 맛이 훌륭하다. 이곳 한인 타운은 미국 사람을 볼 수 없다. 영어 없이도 살 수 있는 곳이다. 마트에서 천막을 산다. 싸고 디자인도 좋다. 송 목사님은 사라토가를 여러 번 갔다와서, 그 지명을 너무나 잘 알고 있다. 절찬하신다. 친구인 홍성호 씨도 그쪽 지방 근처에 살아서 잘 알고 있다.

【2011-01-11】

기다림이라는 여정

  새벽 3시 출발. 타카(Taca) 항공사로 간다. 언제 출발할지 모르니 돌아가서 대기하라는 것이다. 원래 기내에서 네 시간 이상 머물게 되면 벌금을 엄청나게 부과한다. 그래서 돌려보내는 것 같다. 아마존 자체가 가기 쉬운 곳이 아니다. 콜롬비아를 통하면 더욱 힘들다. 어쨌든 언제 떠나게 될지 무작정 기다려야 한다. 답답하다. 새벽 5시에 아침식사를 한다. 스테이크를 시켰는데 엄청 양이 많아 다 먹기가 힘들다.

NEW HEAVEN PRE, CHURCH

15610 CRENSHAW BLVD

GARDENA, CA 90249

REV. WHAN KYU SONG

310-515-6639 Cell 213-249-0188

　아무리 기다려도 연락이 없다. 공항에 가서 해결하려고 저녁을 먹고 출발한다. 목사님 따님(한나)이 영어를 잘하고, 남자친구가 변호사인지라 일이 잘 해결되고 있다. 문제는 5일을 기다릴 것인지, 비즈니스 좌석으로 업그레이드해 출발할 것인지 결정하라는 것이다. 결국 기다릴 수 없어 엘살바도르(El Salvador)까지 비즈니스석을 타고 가기로 한다.

【2011-01-12】

연착과 시차 그리고 마리아치

새벽 3시 30분 기상. 4시 공항으로 출발. 오늘은 출발하려나? 걱정이 앞선다. 목사님은 커피를 달고 산다. 가는 도중에도 마트에 들러 커피를 사서 차내에서 하염없이 마신다. 오늘은 이상 없이 진행된다. 시간 날짜 위반 건으로 비즈니스 클래스를 탄다. 오전 6시 47분 항공편, 이미그레이션을 일찍 마쳐 또 꼼짝없이 두 시간을 대기한다. 중남미 여행은 여행이 아니다. 고행이다. 게다가 타카(Taca) 항공은 코스타리카 항공이어서 더욱 힘들다.

건강한 부모를 만나는 것도 행복이다. 노년의 부부가 둘 다 휠체어를 타고 있다. 옆에 있는 자제분들도 모두 불구다. 무슨 유전자를 받아서 자식까지 불구가 되었을까? 가슴 아픈 일이다.

기내에서 글을 쓰고 있다. 너무 지쳐있는 데다가 아침공기가 쌀쌀하니 기침이 나오기 시작한다. 걱정이다. 승무원에게 뜨거운 물을 부탁해 식혀가며 마시고 있다. 멕시코 상공을 지나간다. 풀 한 포기 보이지 않는 사막 위를 지나간다. 바람이 만든 모래산, 바람이 만든 이름 모를 조각들 위를 끝없이 지나간다. 저런 척박한 곳에서 어떻게 인간이 살아갈 수 있을까? 곳곳에 마을과 외딴집이 보인다. 일직선으로 그은 길도 길게 뻗어 있다. 사막 가운데로 실개천 같은 강이 흐르고 있다. 중남미를 다니며 사진을 많이 촬영했지만, 멕시코 상공은 특별하다. 사막과 사막이 만든 조각품이 여기에 다 있다. 기체가 많이 흔들린다. 황열병 주사 기운이 이제야 나타나는지 컨디션이 좋지 않다. 승무원에게 모포 두 장을 얻어 뒤집어쓴다. 그래도 한기가 든다.

　오전 11시 20분. 현재 엘살바도르 상공이다. 카리브 해안 위를 날고 있다. 활화산이 보이고, 산도 질서정연하다. 일로팡고 호수(Lago de Ilopango)도 보인다. 11시 30분 무사히 착륙. 늘 감사한 마음이다. LA와 시차가 두 시간이다. 지금 이곳 시간은 오후 1시 49분. 한 시간 후 출발이다. 아직은 알 수 없다. 연착은 예상할 수 없으니까. 어쨌든 엘살바도르에 오면 고향에 머무는 기분이다.

아시아나 - 타카 아비앙카(Taca - Avianca)

엘살바도르 오후 1시 출발. 4시에 도착. 콜롬비아 시차가 한 시간 빠르다. 시간과 시차가 계속 바뀌고 항공기가 매번 연착하니 이번 여행은 보통 고행이 아니다. 긴장 때문에 잠을 잘 수가 없어 더 힘들다. 기침이 나고 황열병 예방접종 후유증까지 겹쳐 힘들다. 별일 없기를 기대한다.

보고타(Bogota)에 있는 게스트하우스에 도착했다. 보고타는 해발 2,700m에 있어 더욱 힘들다. 기침이 계속돼 기내에서 가져온 모포로 목을 감는다. 조금 낫다. 내일 어떻게 해야 할지 결정하지 못한 채 다른 숙소로 이동한다.

가이드와 자정 12시까지 50달러 약속. 카페 골목을 갔는데 분위기가 딱 유럽식이다. 시내 한복판에 높은 산이 찬란하다. 가자고 하니 계속 미룬다. 저녁 11시가 돼 문을 닫아버렸다. 차는 올라갈 수 없고, 사람만 올라갈 수 있다.

몬세라떼(Monserrate)에 역사 깊은 성당이 있는지? - 몬세라떼 성당. 해발 3200미터.

마리아치

Marcos Salszar

Mariachi internacional pepe tequila

3123556751

Bogota Colombia

여성싱어

Catheúne Goerra Betarcur

3138218721-3157430160

Mariachi International

Sol de Hi Tierra

팸플릿만 얻어서 나온다. 가이드는 일반 사람이어서 시내를 잘 모른다. 운전도 서툴다. 어쨌든 음악과 관련된 곳으로 가자고 요청해서 클럽에 간다. 그런데 문을 닫은 상태다. 가이드가 근처에 마리아치(Mariachi)가 있다고 해서 가보기로 한다. 도착하자마자 사람들이 벌떼처럼 모여들어 차를 세우기가 두렵다. 그대로 이동한다. 가다가 생각해보니 그게 아니다. 다시 돌아가 흥정한다. 마리아치는 10달러, 트리오는 5달러를 주고 세 곡을 듣는다. 여성 솔로의 목소리는 슬픔이 가득 담긴 애잔한 소리다. 노래를 들으며 카메라로 촬영한다. 하지만 눈물이 흘러 아무 것도 할 수 없다. 기침만 멈추면 밤새 노래와 함께 있고 싶은 분위기다. 각종 음악이 다 있다. 멕시코 음악, 라틴 음악, 콜롬비아 음악. 새벽 1시다. 언제나 새벽 전에 귀가하지 못하는 습관. 어쨌든 사진을 많이 촬영했으니 다행이다. 씻고 누우니 시침이 2시를 지나가고 있다.

【2011-01-13】

국경의 시계들

모닝콜이 울린다. 새벽 5시. 스케줄 변동 때문이라 생각했는데, 누군가의 착오다. 조금이라도 더 자고 싶다. 그러나 잠을 이룰 수 없다. 기침이 멈추지 않는다. 이렇게 지친 상태에선 몸이 좋아질 수 없다. 새벽을 깨우러 나간다. 숙소 옆에 어떤 젊은이가 이상한 깃발을 흔들고 있다. 싸고 맛있는 아침식사가 있으니 오라고 한다. 호객꾼이다. 재미있는 장면이다. 간 김에 사거리에서 특색 있는 차와 거리장사꾼 모습을 촬영한다. 경찰관이 온다. 경찰서에 가자고 한다. 왜냐고 물으니 미국대사관을 촬영했단다. 찍은 사실이 없다고 해도 가자고 한다. 경찰관 한 명이 더 온다. 촬영한 사진을 전부 보여준다. 그때서야 미안하다고 말하고 돌아간다. 투르크메니스탄같이 무지막지하지는 않다.

아침 8시 30분까지 오겠다던 존(John)이 9시 30분이 되어도 오지 않는다. 어디를 가든, 중남미 사람들이 시간을 지키는 모습을 보기란 쉽지 않다. 급히 서둘러 공항에 간다. 오전 11시 30분 항공편이 있다. 보고타 엘도라도 공항에서 레티시아(Leticia) 알프레도 공항까지 약 350달러. 두 명 티켓을 끊는다. 본격적으로 여행이 시작된다.

브라질과 콜롬비아 국경을 두고 한 시간의 시차가 있다. 브라질이 빠르다. 선 하나를 두고 건너편 오토바이 기사와 내 시계를 보니 한 시간 차이가 난다. 혼자 다니려고 하니 불안해서 오토바이를 불러 5천 페소(약 3천500원)를 약속하고 둘러본다. 전에 한 번 와본 곳이라 풍경이 익숙하다. 더 좋은 곳이 있나 이곳저곳 다니다보니 시간을 초과한다. 5천 페소를 더 달라고 한다. 다투기 싫어 더 준다. 기분이 씁쓸하다.

국경에서 마약 단속이 계속 이어진다. 브라질 국경은 조용한데 콜롬비아 국경만 심하게 단속한다. 남녀노소 관계없다. 브라질 국경 초소에 가서 보초병과 어울린다. 사진 찍고 하루에도 몇 번이고 국경을 넘나든다. 브라질이 한 시간 시차가 빨라, 한 뼘 사이에서 시간을 바꿔야 한다.

【2011-01-14】

아마존은 허밍처럼

오랜만에 잠을 좀 잤다. 일곱 시에 일어나 옥상 식당에 올라가니 아침식사 준비가 전혀 안 돼 있다. 산책 겸 시내를 돌다가 빵과 우유로 아침을 때우고 슬리퍼를 6천500페소(약 4천 원)에 산다. 거리에서 주스 1천 페소(약 600원), 코코넛 2천 페소(약 1천 200원), 저녁에 남겨두었던 감자와 같이 먹으니 배가 든든하다. 어젯밤에 모기에 물린 게 걱정돼 말라리아 약을 먹는다.

오전 8시 30분에 간다고 해서 만반의 준비를 한다. 그런데 출발이 정오 12시라고 한다. 아침에 먹다 남은 코코넛을 책상 위에 두었는데 벌레가 새카맣게 붙어 있다. 역시 아마존답다. 코코넛을 버리려다 음식을 버리지 못하는 성격 때문에 또 먹게 된다. 정오가 다가오는데 약속이 지켜질지?

오토바이 한 대를 더 불러 아마존으로 들어간다. 가도 가도 끝이 없다. 가다가 물어보니 목적지를 넘어와 있다. 길이 험해 몇 번이나 타고 내리고를 반복하며 갔건만 안타깝다. 다시 돌아와 집을 찾는다. 그 큰 농가에 사람 한 명 없다. 아무리 소리질러 불러 봐도 인기척이 없다. 한 시간을 머물다 돌아가려는데 소년 한 명이 온다. 온 사방을 다 둘러보고 소리쳐도 없던 사람이 어디서 나타났는지, 혹시 납치되는 것은 아닌지, 은근히 긴장된다. 소년이 아버지가 곧 온다고 한다. 어떤 중년신사가 멋진 말을 타고 집앞을 지나간다. 혹 집주인인가 했더니 아까 지나쳐 갔던 마을에 사는 사람이다. 이렇게 깊고 깊은 아마존에 무슨 낙이 있어 살고 있는지? 곧 주인 도착. 작은 키에 맨발의 사나이다. 오십대 중반쯤 돼 보이며, 아주 건강한 목소리를 가지고 있다. 바리톤을 했다면 대성할 목소리다. 성격도 너무 밝고 열정이 넘친다. 아마존에서 살아온 모든 이야기를 넘치도록, 넘치도록 풀어놓는다.

호랑이 가죽과 이름 모를 맹수들의 가죽이 통째로 벽에 붙어 있다. 아름다운 호수에는 고기들이 떼를 지어 다닌다. 아마존의 물고기 중 가장 큰 고기인 물메기와 같은 종이 여기에 있다고 한다. 물은 맑지 않다. 물어보니 거의 고여 있는 상태에서 조금씩 흘러가는 물인데다 고기가 많아서 그렇단다.

주인이 자기 방으로 오라고 한다. 침대 두 개, 빵 두 조각, 아주 오래된 TV, 냉장고, 오디오가 있다. 오디오를 켜고 들어 보라고 권유한다. 누구의 연주인지 모르겠다. 처음 듣는 클래식이다. 어떤 여행자가 카세트를 주고 갔고, 너무 좋아서 듣고 있다는 것이다. 그런데 그날부터 특별한 일이 생겼단다. 지붕 꼭대기를 보라고 한다. 이름 모를 아주 작은 새들이 지저귀며 이리저리 날아다닌다. 2층에서 내려다보이는 고기들이 음악만 켜면 저렇게 밝아진다는 것이다. 자신도 그날부터 음악이 좋아 늘 아마존의 모든 식구와 듣고 있다고 한다. 여행자들이 선물한 카세트 CD플레이어로 슈베르트의 아베마리아, 파바로티의 오 솔레미오, 산타루치아를 듣고 허밍으로 따라한다. 목소리가 얼마나 좋은지 아마존이 들썩거린다.

길을 가는데 갑자기 비가 쏟아진다. 소나기다. 다행스럽게도 외딴집이 있어 피한다. 원주민 가족이 살고 있다. 개, 닭, 오리 등이 방과 마당에서 함께 살고 있다. 비가 와서인지 모두 다 마루로 올라와 어린 꼬마와 장난치고 다닌다. 젊은 주인이 코코넛을 두 개 따온다. 쪼개서 깨끗이 다 먹어 치운다. 특별히 맛이 좋다. 비가 멈춰 다시 출발한다.

시내 가까이에 온 느낌이다. 차에 화려한 꽃장식을 보고 결혼식이 있나 했더니 장의차량이다. 이곳은 장의차량에 화려한 꽃을 장식한다. 공동묘지로 가 앞서 들어온 차를 찾아 헤맨다. 한참을 도는데, 구석에서 식을 진행하고 있다. 기타 듀엣이 장송곡을 부른다. 관 뚜껑을 열고 얼굴을 바라본다. 어린아이와 누나인 듯한 여성의 얼굴에 온통 슬픈 표정이 어른거린다. 이곳 장례문화는 소리내 우는 법이 없다. 눈물을 흘리며 슬픈 표정으로 꽃을 계속 던진다. 천국으로 가라는 뜻이다. 내 눈은 정말 이상하다. 어떤 상대든 눈물을 흘리면 내 눈에서도 눈물이 난다. 관이 끝까지 들어가고 땜질하는 것까지 다 보고 자리를 이동한다.

호텔에 도착하자마자 노을을 찍으러 나선다. 아마존 강변을 끼고 들어선 수상가옥으로 번져오는 노을은 눈을 뗄 수 없을 만큼 아름답다. 풀벌레 소리와 함께 떠 있는 반달, 수상가옥에선 아름다운 음악 소리. 지금 저 밑에 있는 고기와 벌레들은 음악 소리와 함께 얼마나 즐거울까?

일행에게 음악(댄스)이 있는 수상가옥에 들르자고 하니 바로 OK이다. 길목마다 나무다리, 나무길로 연결한 수상가옥들이 즐비하다. 삶은 천층만층이다. 어떻게 이런 곳에 자리를 틀까.

입구엔 축구장이 있는데 진창구덩이다. 그 진창구덩이에서 축구하는 모습을 상상해보라. 진창으로 범벅이 된 몸을 하고, 진창으로 범벅이 된 축구공을 차면서도, 너무나 행복한 표정으로 게임을 즐긴다. 동네 아낙들은 응원하기에 여념이 없다. 꼬마들도 함께 응원하며 난리다.

　노을을 찍고 와서 앙헬과 같이 식사를 하러 간다. 양고기를 먹자니 조금 멀리 있다고 한다. 그래서 거리 주막에 앉아 닭고기로 때운다. 미니 디스코텍에 들러 사진을 촬영하는데, 맥주를 마시던 남자가 나에게 맥주잔을 던지려고 한다. 앙헬이 가끔 저런 미친놈이 있다고 나를 대신해 화를 낸다. 오늘은 사진 찍다가 맥주 세례를 받을 뻔한 날이다.

【2011-01-15】

아딸라이자 마을

　일어나니 새벽 5시다. 항상 네 시간 이상 잠을 이루지 못한다. 다시 눕는다. 도저히 잠이 오지 않아 포기한다. 어제 아침에 갔던 빵집에 가서 빵 두 개, 우유 한 잔을 1천500페소(약 850원)에 사서 먹고 과일가게에 가서 이름 모를 아마존 과일과 망고를 산다. 아마존에 올 때마다 느끼는 것이지만, 대변 색깔이 좋다. 아마도 과일을 많이 먹어서 그런 것 같다.

　오늘 여정도 긴 고행이다. 어제는 오토바이를 너무 오래 타서 허리가 좋지 않다. 모든 스케줄이 예정대로 되지 않는다. 시간 낭비에 대해선 말할 수 없다. 앙헬과 강 건너 페루를 거쳐 브라질로 갈 계획이다. 뱃삯이 만만치 않다.

오토바이를 타면 가이드가 한 명 더 붙어 세 대를 빌려야 해서 택시를 대절한다. 차가 얼마나 고물인지 좀 불안하다. 브라질 시간 오후 1시 15분. 아딸라이자 마을에 도착. 마티스 족과 사진을 찍는다. 브라질 돈으로 10리알(약 6천 원)을 받는다. 올 때마다 궁금해지는 것이지만, 아마존은 이렇게 많은 물이 다 어디에서 생겨나는 것일까?

앙헬과 분위기가 있는 고급 식당에 들어간다. 늘 지나치며 사진을 촬영하던 곳이다. 앙헬은 영어실력이 괜찮다. 건강도 좋고, 인간성도 괜찮다. 한국에 온다고 해서, 오면 나와 같이 일하자고 제안한다. 문화 차이로 걱정은 조금 된다.

매주 일요일마다 파티가 있다. 시민파티 장소가 따로 있다는 점이 인상적이다. 오후 3시부터 밤 10시까지인데, 저녁 7시가 피크다. 스페인 문화권에는 거의 다 파티문화가 있다. 전 가족이 나와 야단법석이다. 어릴 적부터 놀이문화, 음악과 춤으로 훈련돼 상상 이상으로 다양한 스텝을 밟는다. Cafe간판만 붙어 있으면 그 안에서는 전부 춤판이다.

샤워는 뜨거운 물 나오는 밸브 자체가 없으니 어찌할 도리가 없다. 한기가 들어 옷을 몇 겹을 입고 몸을 덥힌다. 아무리 시간이 남아돌아가도 자정 이전에는 잘 수가 없다. 무슨 일이 그렇게 많은지?

【2011-01-16】

비자와 대사관

밤에는 콜롬비아의 초소 경계가 엄하다. 새벽에는 브라질의 초소 경계가 엄하다. 늘 브라질 국기만 있다가 어제 콜롬비아 기가 달렸는데, 오늘 새벽에는 보이지 않는다. 새벽 6시, 차는 보이지 않고 오토바이만 지나다닌다. 월요일 아침이 이렇게 한산하니…… 하긴 열대지방의 아침은 어디나 조용한 편이다. 브라질 초소 병사와 나만 새벽을 지키는 것 같다.

바라 라 쿠바(BARRA LA CUBA)란 카페는 바로 우리 숙소 맞은편이자 콜롬비아 초소 옆에 위치해 있다. 손님이 늘 붐빈다. 숙소 맞은편 50m 앞에 빵집이 있다. 파나데리아 라 프론테라(Panaderia La Frontera) 간판이다. 새벽에는 남편이, 오후에는 부인이 자리를 지킨다. 인상이 좋아서 가기가 편하다. 같은 숙소에 머물고 있는 부부가 빵집 앞을 지나간다. 인사했더니, 부인의 재촉에도 갈 생각을 하지 않고 여러 가지 이야기를 늘어놓는다.

과일가게로 간다. 오늘은 아침 7시가 넘었는데도 문이 닫혀 있다. 아침식사 하기가 거의 구걸하기다. 옆가게에 가보니 토마토가 있다. 낭콩낑통과 함께 사서 아침을 해결한다. 남은 달러도 다 바꿔야 한다. 2천400달러를 주고 4천440레알을 받는다.(1.85 브라질, 1천850페소 콜롬비아) 돈이 휴지다. 옛날엔 돈이 물이다 했는데, 요즘엔 물값이 비싸니 표현도 힘들다.

자정에 간다고 하더니 또 새벽 2시. 그런데 2시가 넘어도 소식이 없다. 브라질 비자를 내지 않아 이제 비자 때문에 바쁘게 뛴다. 결국 콜롬비아 비자만 받고 브라질 대사관으로 간다. 한 시간 전에 업무를 마쳤다고 한다. 앙헬만 계속 원망한다. 내일 새벽 2시 30분에 간다니 또 한번 두고 보자.

【2011-01-17】

아마존의 길을 열고서

　　새벽 3시 출발. 비몽사몽 2시에 일어나 짐을 꾸려서 부랴부랴 서둘러 페루행 배에 오른다. 2천400달러 중 호텔비 200달러, 뱃삯 200달러(원래 170달러), 환전 수수료 80달러. 약속된 배 시간을 겨우 맞춘다. 오토바이 세 대 중 한 대에는 짐을 싣고, 두 대에는 짐을 한 아름 안고 탄다. 이런 고생이 없다. 배를 놓치면 또 하루 머물러야 한다. 겨우 도착했지만 시간에 맞춰 배를 탈 수 있을지? 이쪽에서 인기척을 내니 기다려 준다. 콜롬비아에서 브라질 국경을 넘어 브라질 배를 타고 페루 국경으로 이동해야 한다. 마약 때문에 전보다 더 단속이 심하다.

　　페루 배에 짐을 싣고 타려는데 또 문제가 발생한다. 페루 이미그레이션이 안 되었다고 한다. 큰일이다. 사무실이 약

1,000m 전방에 있는데 해 오라는 것이다. 외나무다리를 지나 별 한 점 없이 컴컴한 진창길을 미끄러지며 헤맨다. 올 때 사온 플래시가 효자다. 사무소를 찾았지만, 문이 닫힌 채 캄캄하다. 다시 곡예 하듯 진창길 걸어 돌아가서 사정을 이야기한다. 안 된다며 따라오라고 한다. 다시 곡예를 시작한다. 뭐라고 하는지 는 몰라도 문이 열린다. 초라하게 생긴 아주머니가 나와 이미그 레이션을 한다. 불도 켜지 않고 작은 플래시 하나만을 사용하며 일을 처리한다. 사진을 촬영하려고 하니 거부한다. 당신을 찍는 게 아니라 일행을 찍는다고 해도 끝까지 안 된다는 것이다. 결 국 몰래 찍을 수밖에.

이제 이곳도 현대 문명이 들어와서 상대에 대한 배려가 없다. 불빛 한 점 없는 아마존 강 위를 외나무다리를 타고 다닌다는 것은, 그것도 새벽 3시에. 목숨을 거는 일이다. 외나무다리를 잘 건넌다 해도 자칫 미끄러져 진창에 빠지면 더 어려움을 겪는다. 한쪽 다리가 빠지면 끝이다. 발버둥치면 계속 진창으로 내려간 다. 아마존을 쉽게 보면 큰일난다. 전에 왔을 때 본 광경이지만, 진창에 빠졌을 때 누가 곁에 없으면 생명은 서서히 저편으로 간 다. 지금은 이곳에는 작은 숙소 몇 개가 들어서 있다. 전날 와서 자고 이미그레이션을 마치는 것이 좋다고 한다. 세상이 밝아지면 인간미가 결여된다. 조금만 배려하면 이 많은 사람들이 외나무다리를 타고 캄캄한 밤을 헤매지 않아도 될 것을.

놀라운 것은 선장과 불 비추는 사람의 교감이 깜깜한 아마존의 밤을 뚫고 나간다는 점이다. 신기하다. 곳곳에 통나무나 장애물이 떠다니는데 어떻게 피해가는지. 역시 경험이 많으니 느낌으로, 감으로 간다. 배 밑에선 퉁탕퉁탕 계속 나무토막 부딪히는 소리가 난다. 어찌된 일인지 나는 여행만 나오면 거의 새우잠을 자는데 피곤함을 모른다. 쓰러질 것 같아도 또 괜찮고. 생각해보니 적은 감동이라도 늘 조금씩 받으니 그것이 잠을 대처하는 데 도움을 주는 것 같다.

앙헬이 점심하러 간다기에 집과 사는 환경도 볼 겸 따라간다. 한참을 걸어 한적한 시골풍경을 지나, 자그만 함석집에 도착한다. 모녀가 사는 집에서 세를 살고 있다. 엄마도 예쁘지만 딸은 눈부실 정도로 예쁘다. 고등학교 1학년인데 보고타에서 학교를 다니고 지금은 방학이어서 집에 왔다는 것이다. 아버지는 보고타에서 직장생활을 하고 있어 엄마 혼자 있다. 방학이나 휴가 때 딸과 남편, 아들이 드나든다. 문도 없는 방이 세 개가 나란히 있다. 이런 집에서 세를 산다고 하니 아이러니하다.

먼동이 트고 새벽이 일어난다. 날이 밝아오면 선장들끼리

교대한다. 세 사람이 3교대로 일한다. 밤엔 불 비추는 선장이 더 힘들 것 같다. 아마존의 강은 강이라고 하기에는 너무 넓다. 날이 밝아오니 나침반을 보고 간다. 언덕이 계속 무너져 내려 곳곳에 아름드리나무가 쓰러져 있다. 찢기고 꺾여 아마존 강 위를 덮고 있다. 그러니 선장들은 몸살이 난다. 아침이 되니 안개가 자욱하다. 내가 느끼는 아름다운 풍경이 선장에게는 고욕이다.

어느 마을을 지난다. 가지마다 걸터앉은 황새 떼들이 아침을 준비한다. 마을에 잠시 정차하니 많은 사람들이 짐을 싣고 탄다. 만남과 이별이 이어진다. 항상 느끼는 것이지만, 인간의 진풍경이 아마존에 오면 더 짙어진다. 지류를 따라 들어갈 때마다 마을이 나온다. 옆자리에 앉은 인디오가 사진을 찍을 때 도와준다. 커튼을 걷어주고 자리도 비켜주고 몸도 피해주고. 세계를 돌아보면 좋은 사람이 나쁜 사람보다 훨씬 더 많다. 그래서 세상이 돌아간다.

며칠 화장실을 가지 않았는데, 소식이 없다. 아침엔 빵 두 개에 우유 한 잔. 점심엔 닭 스프나 고기 스프. 속이 너무 편하다. 귀국하면 절대 소식할 것이다. 아마존의 동물들은 정말 신선한 풀들만 먹고 사니 병이 없다. 식물들은 풋풋하고 싱그럽다. 보고 또 봐도 지치지 않는 진풍경. 그곳이 아마존이다. 만일 피카소가 아마존을 그리면 어떻게 그릴까?

나무와 숲으로 꽉꽉 막혀 있는데 계속 길은 열린다. 인생도 아마존을 보는 것과 마찬가지다. 전진하면 길이 열린다. 이름 모를 꽃들이나 열매가 많다. 작은 고기잡이배가 틈틈이 보인다. 아마존은 파도가 없어 고기잡이도 무난하다. 각종 열매와 먹을 것이 풍부해 성실한 사람이라면 잘살 수 있다고 생각한다.

새벽 3시에 탄 배가 열 시간을 훨씬 지났는데도 목적지에 도착하지 못하고 있다. 갈증이 생기려는데 물 한 봉지를 준다. 옛날에 불량음료수를 사먹던 기억이 떠오른다. 약간 소독약 냄새도 난다. 아프리카에 갔을 때는 물이 없어 웅덩이에 고인 물을 마셔 병에 걸렸던 기억이 있다. 그곳 땅은 거북이 등처럼 갈라져 있었는데, 이 아마존은 물이 넘치고 나무까지 무성해 동식물이 포식한다.

동네를 지날 때마다 풀밭과 담장 위로 널린 빨래가 정겹다. 일행들 모두가 몸을 엎치락뒤치락하며 지루해한다. 그런데 난 어떤가? 지금 여덟 시간을 꼬박 타고 가도 그냥 감동이다. 보이는 것이 다 그림이고 감동이다.

이키토스(Iquitos)에 가기 전 작은 마을에 들른다. 동네 사람들이 다 모여든다. 모든 짐승들이 사람들과 함께 산다. 병아리, 아기오리. 부엌에서, 마루에서, 마당에서. 태초의 모습이다. 또 비가 내린다. 아마존에 올 때마다 느끼는 것이지만 사람들이 다 밝다. 이곳에만 오면 함께 살고 싶다. 벌써 춤과 노래로 난리법석이다. 큰 통나무 두드리는 소리가 정글 전체를 울리게 한다.

Ikao, kao, kao, kao, kao
(이가오, 가오, 가오, 가오, 가오)

말로카 베르완나(여), 베르완노(남) 족 마을에 도착. 전통을 지키는 부족이다. 가만히 있어도 땀이 철철 흐른다. 아주 작은 모기가 귀신도 모르게 스며든다. 15일에 말라리아 약을 먹고 10일에 황열 예방주사를 맞아서 걱정이 없으나, 신생 모기가 생겨 두렵다. 신생 모기에 물리면 삼사 일 만에 피를 토하고 죽는단다. 손쓸 시간이 없다.

노르마(Norma, 15세). 노르마 엄마가 개울에 가보라고 해서 아이들을 따라간다. 맑은 개울에 원피스를 입은 채로 뛰어든다. 원피스를 벗고 보라는 듯 팬티 속으로 손을 넣어 앞뒤로 씻으며 나를 힐끔힐끔 쳐다본다. 정말 야성미 그대로다. 반은 동물적인 모습이다.

마을 여기저기를 다니는데 축구, 배구 등 도시생활에서 볼 수 있는 건 다한다. 배터리가 다 돼 그 여인집으로 간다. 장작도 기가 막히게 잘 팬다. 전형적인 인디오 부인이다. 남편은 이 동네의 선생님이다. 충전하러 갔더니 여섯 시가 되어야 불이 들어온단다. 아주머니가 가방 짜는 모습을 구경한다. 하바 나길라(Hava Nagila)를 가르치니 금방 따라 한다. 평소 문화가 춤과 노래이니 그럴 수밖에.

【2011-01-18】

노르마의 바우카데

모母 글라디스(47세), 아들 쟌대르(28세), 동생1(통역)

할아버지 빅토르, 할머니 레아. 손녀1 라우리,

손녀2 클라라, 손녀3 라켈, 손자 쟌대르

북가우드기조(마을이름)

주식(하얀 것) - 마오

오후 6시, 아마존은 어두워지기 시작한다. 내가 머물고 있는 마을에는 전기가 들어오지 않는다. 이웃 마을은 자가 발전으로 불이 들어온다. 충전이 제일 걱정이다. 결국 이웃 점포에 가서 5레알(약 3천 원)을 주고 충전한다. 할 것도 갈 곳도 없어 노르마를 데리고 마을 전체를 둘러본다. 제법 큰 마을이고, 마을마다 다른 종족이 산다.

캄캄하니 갈 곳이 없다. 저녁 8시 경에 천막에 들어간다. 살아보면 자기 뜻대로 안 되는 일도 있다. 불이 없으니 일기를 쓸 수 없다. 일어나니 11시, 일어나니 자정 12시. 일어나니 1시, 2시, 3시, 4시. 계속 선잠을 잔다. 3시부터 닭이 울어댄다. 닭도 건강하니 울음소리가 우렁차다. 이어서 너무 아름다운 새소리가 들린다. 노르마를 깨워서 캠코더로 〈바우카데〉라는 새를 찍는다. 얼마나 울음이 아름다운지 아마존 숲속을 더욱 아름답게 장식한다.

노르마와 추장 부인과 유카를 캐고 노란 우마리를 줍는다. 향기가 너무 좋다. 깔린 게 자원이다. 올려다보면 과일, 내려다보면 물고기. 먹고 사는 일에 신경 쓸 것이 하나도 없다.

빨간 개미, 유카, 코카. 걸어 놓은 신발, 우비자(포도같이 생긴 것), 우마리(노란색-별 맛 없다. 나무 밑을 지나면 향기가 좋다).

역시 외가족 속에 사니 다르다. 무거운 것은 항상 젊은 노르마가 나른다. 경험 많은 추장부인이 부탁(지시)한다. 포도같이 생긴 우비자를 따준다. 맛있다. 담백한 원초 그대로의 맛이다. 노르마가 열매를 따기 위해 나무를 탄다. 연약해 보이는 노르마가 정글에 들어오니 본색을 드러낸다. 오늘 노르마를 보고 또

놀란다. 참 환경은 무섭다. 모든 일을 여성들이 다 한다.

오늘 스케줄에 필요한 유카를 따러 간다. 노르마가 추장부인과 같이 정글 속으로 들어간다. 정글은 자원과 위험이 공존한다. 인디오들을 보면 한쪽 눈을 잃은 실명인들과 불구자들이 많다. 정글에서 발생한 사고 때문이다. 뿌리 같은 곳에 걸려 넘어질 때 가시나무 밭이나 가시날린 나무에 넘어진다면 끝장이다. 정말 섬뜩한 가시나무 기둥을 많이 본다.

〈바우카데〉라는 새는 소리도 아름답지만 몸짓도 너무 예쁘다. 울음을 울 때는 온몸으로 운다.

【2011-01-19】

마칸보 꼰 꾸루인디 우마리

아마존을 더 깊게 느낀다. 밤이면 이런 적막이 없다. 그런데 가끔씩 부엉이인지 몰라도 밤새 푸드덕 새가 날아다니는 소리가 들려온다. 빗방울 소리, 풀벌레 소리. 이제 아마존에 적응을 마친 듯하다. 천막도 모기장도 너무 잘 가져왔다. 무슨 일이든 고생 끝에 행복이 있다. 천막만 쳐도 충분한데 웬 오버냐고 말했던 일행은 개미, 모기에 몸살을 앓고 있다.

새벽에 실개천 가는 길. 위험하지만 정겹다. 반 발만 잘못 디뎌도 추락이다. 체첸 이트샤(Chichen Itza)의 계단은 아무것도 아니다. 〈바우카데〉와 비슷한 새가 있는데, 이 새는 물방울 떨어지는 소리를 낸다. 녹음기를 계속 켜 놓는다. 아마존의 모든 것을 다 가져가고 싶다.

매일 아침식사를 준비해주는 아줌마는 아이 다섯을 키우고 있다. 남편은 마약전쟁에 연루돼 총에 맞아 죽었단다. 큰딸 노르마, 둘째딸 칸디, 셋째딸 베르난다, 넷째아들 베르밍, 다섯째 아들 엔드리키. 식사를 마치고 노르마 가족과 사진을 찍기 위해 천막으로 가는데, 노르마가 막하바리라는 열매를 따서 가져온다. 땀을 엄청 많이 흘리고 있다. 온몸이 엉망이다. 포도같이 생겼으나 딱딱하다. 부수고 짜서 주스로 마신다.

머리 물들이는 나무열매 〈윗또〉
마칸보(큰 꾸불꾸불한 노란 과일), 꾸루인디(개미), 우마리(노란 과일)
마칸보 꼰 꾸루인디 우마리(개미와 함께 먹는 음식이름) 요리

오늘은 오리고기를 먹으려고 했는데 파는 것이 없단다. 다 먹으려고 키우니 그런 것 같다. 그냥 중닭 두 마리를 산다. 탄탄한 두 마리가 우리나라 돈으로 8천 원이다. 공짜나 다름없다. 정말 오랜만에 제대로 된 닭요리를 먹는다.

【2011-01-20】

오전 10시 40분의 아마존

〈쁘레아뚜에아〉 마지막 마을. 큰 배가 지나가면 작은 배가 뒤집어지기 때문에 조심해야 한다. 노르마가 흰 천을 흔들고, 잔대르도 함께 윗도리를 벗어 흔든다. 웬일인지 정기 여객선이 뒤돌아온다. 늘 늦장을 부리다가 변을 당한다. 정기 여객선도 여덟 시간 걸리는 걸 모터보트로 간다. 하루 걸려도 못 가지만 위험은 말할 것도 없다.

아마존 넓은 강의 한복판에서 극적으로 상봉한다. 이게 웬일인가? 2년 전에 탔던 배의 선장이 아닌가! 그도 나도 한눈에 알아본다. 손을 내밀며 자기 배에 오르라는 것이다. 오전 10시 40분. 배에 오른다. 매달리다시피 달려 올라탄다. 힘도 좋지만 전보다 얼굴이 더 좋다. 배에 오르니 비디오를 켠다. 의자도 좋아

졌고, 쿠션이 좋아 허리가 아프지 않다.

　오전 8시에 노르마와 함께 외출한다. 노르마는 원주민답게 잘 걸으니 좋다. 믿고 따라갔더니 빙빙 돌다가 길을 놓친다. 시골 아이니 당연하고 이키토스에는 처음 나와 본다니 그럴 수밖에 없지. 어떤 아줌마에게 길을 물어보니 과잉 친절을 베푼다. 기초적인 영어도 전혀 통하지 않는다. 파크(Park) 자체를 모른다. 공원 옆에 있는 엘 도라도 호텔(EL DORAD HOTEL)을 찾는데 엘 도라도(EL DORAD)가 몇 개나 된다. 내가 봤던 EL DORAD는 프라자라는 단어가 하나 더 붙어 있다.

　한 뮤지션이 강변으로 큰 피아노를 끌고 와서 연주한다. 끌고 다니니 조율이 엉터리지만 연주는 제법 숙달된 사람이다. 이것도 허가를 받아야 하는지 경찰관이 와서 제지한다. 뮤지션이 맞서 싸운다. 청중들이 함께 떠들어댄다. 결국 경찰관이 가버린다. 엘 콘도르파사 외 여러 곡을 신나게, 땀을 뻘뻘 흘리며 연주한다.

【2011-01-21】

맹인가족

이키토스 시내를 돈다. 200m 정도 길이로 길 중간에 라셀이 란 동상이 약 삼십 개 정도 줄지어 있다. 노르마가 선물을 살 동 안 벨렘(Belem) 시장 사거리에 서서 사진을 촬영한다. 잠시 시 장 안에 들어갔더니 맹인가족이 있다. 아들이 잘 생긴데다 팬 플룻을 아주 잘 연주한다. 1솔(PEN)을 주니 계속 연주를 들려 준다.

주인아줌마가 고기를 넣은 스파게티를 10솔(약 4천 원)에 준 단다. 하나 먹고 나니 포만감이 든다. 리마(Lima)에서 왔다는 손 님이 '씨르엘라'라는 작은 토마토 같은 걸 준다. 아주 맛이 좋 다. 씨가 너무 커서 먹을 것은 좀 부족하다.

오후 4시 15분 푸칼파(Pucallpa)행 티켓을 끊는다. 짐 부치고 공항세를 내려간다. 약 20솔 정도. 줄이 길게 늘어져 있다. 거의 정시에 출발한다. 5분 늦는 게 처음인 것 같다. 한 시간만에 푸 칼파에 도착. 오늘 아마존 지류는 환상이다.

비엔베니도스(BIENVENIDOS! 환영한다)

프라지내(공간) 아르마르(무거운데) 1987년 대통령과 시장

이름이 새겨짐.

인위적인 공원 중간에 선 탑. 스페인 정복지는 어디 가도

프라지대 아르마르라는 공원이 있다.

우까얄리 강(아마존의 지류)

볼리비아 수도 이름 라파트

쿠스케냐(Cusquena)세계맥주대회에서

늘 1,2,3위 안에 들어감.

푸칼파(Pucallpa) 공원에 간다. 성당 앞에는 어느 화가가 예수 그리스도를 그리고 있다. 성당에는 결혼식이 진행 중이다. 성당 은 현대식으로 지어져 크고 웅장하다.

【2011-01-22】

야리나꼬차와 맹독

야리나 꼬차(풍요로운 물) 동네에 왔다. 섬으로 간다.
요즘 유행하는 '댕기'는 3일 만에 죽음
아나콘다는 독이 없고 신생뱀은 독뱀
시피보(SHIPIBO) 종족. 시피보 마을
아야와스카 - 약초의 황제. 정신을 맑게 하는 최음제
씨르엘라 - 토마토같이 생긴 과일

Angel Zadan Ramirez
zadanangel@hotmail.com
3142106358

Hotel La Frontera
5925600
5924600

여행용 신발은 조금 크게. 장시간 비행하면 몸 전체가 부어오른다. 특히 발이 퉁퉁 부어 딱 맞는 신발은 고통이다.

석회질 물을 먹으면 골절이 부어서 엉망.

몬세라도 산
마나우수(이마존) 메인 아마존의 중요 부분
자바리 강

혹시나 주위에 아마존 강이 있나 보려고 아무리 찾아다녀도 없다. 결국 삼륜차를 타고 아마존 리오의 안내를 받는다. 2솔(약 800원). 역시 벨렘가 비슷한 삶의 현장이다. 물살이 굉장히 강해서 배로 건너기가 힘들다. 아침을 어떻게 할까 망설이다 떡 본 김에 제사 지낸다고 사진 찍던 천막 밑으로 간다. 빗방울이 있어 쉴 겸 국수, 계란, 레몬, 닭고기, 구운 바나나를 2솔을 지불하고 먹는다. 별미다. 인간의 적응력은 무섭다. 특히 내가 이런 곳에서 식사한다는 것은 상상 밖이다. 든든하게 먹고 망고와 다른 과일을 사온다.

약초마을 시피보 마을을 가기 위해 야리나꼬차(Yarinacocha) 항구에 도착. 많은 사람이 모여 있어 가보니 뱀에 물려 죽은 사람이 있다. 맹독 때문에 물리고 십 분 만에 죽었다고 한다. 뱀에게 물린 자국이 까맣다. 온몸이 파랗다. 경찰들과 의사가 오고 조사를 마친 뒤 후송한다. 사람 목숨이 파리 목숨이다. 나는 정말 행운아 중의 행운아다. 2년 전, 아마존에 왔을 때는 가이드가 독사에 물렸다. 그를 살리기 위해 어깨에 메고 정글을 헤치고 나왔던 기억이 있다. 그때와 너무 흡사한 모습으로 그는 죽음을 맞이했다. 독사란 정말 무서운 뱀이다. 돌이켜보면 위험한 곳을 겁도 없이 다녔다. 나에게 주어진 행운은 가치 있는 인생을 살라는 뜻이다.

시피보(SHIPIBO) 마을에 도착. 시피보 동상을 찍고 약초 마을로 간다.

놀라운 일이다. 아마존을 그리 많이 다녀도 이런 모기는 처음이다. 수십 마리가 달려드는데 결사적이다. 아마존 개들이 왜 피부병에 시달리고, 또 왜 저렇게 말랐는지 이제야 알 것 같다.

【2011-01-23】

Robeng과 라면

새벽이라 삼륜차 잡는 것도 쉽지 않다. 기어코 차를 탄다. 너무 일찍 가서 기다리는 동안 혼자서 2솔짜리 식사를 주문한다. 어제 아침과 같은 음식이다. 안면이 있다고, 오늘은 더 푸짐하게 준다. 마늘을 찧고 있어 먹어도 되는지 물으니 먹으라고 한다. 한국식으로 찧은 마늘이니 뜨거운 국물에 넣으면 금방 익겠지 하고 한 숟가락을 넣는다. 아주머니가 눈이 휘둥그레져서 바라본다. 내가 맛을 보고 있는데 모두들 웃고 야단이다. 완전히 소금국이다. 소금과 함께 찧은 모양이다. 많이 덜어내고 나니 반으로 준 상태다. 그런데 인심 좋은 아줌마가 그릇을 가져가더니 다시 한 그릇 만들어준다.

오후 1시 10분에 푸칼파(Pucallpa)에서 이키토스로 가는 항공편이 또 50분 연착해 2시 출발이다. 어쨌든 갈 수 있어 다행이다. Mr. 정이 아는 기사 로벵(Robeng)을 만나 그의 집으로 라면을 먹으러 간다. 공항과 집이 가깝다. 그런데 사람 사는 곳이라 하기에는 너무나 가슴 아프다. 천막집이다. 울퉁불퉁한 맨땅 위에 침대 하나, 다 떨어진 모기장, 떨어진 티 몇 개, 부엌에 냄비 한두 개, 접시 몇 개가 전부다. 그래도 밝다. 웃음을 잃지 않는다. 라면을 먹고 다시 공항으로 향한다. 도착해서 보니 출발할 비행기가 아직 도착하지 않았다고 한다. 얼마나 연착이 될지 그것은 신만이 안다. 여행이란 인내의 연속이다. 40분 더 연착. 미안하단 말 한마디 없다. 가이드도 마찬가지다. 지각이 이들의 문화다.

이키토스에 도착. 이제 열흘 남았다. 표를 끊으려고 하니 또 내일 것은 없다고 한다. 큰 도시만 오면 이렇다. 할 수 없이 이키토스 원데이 투어를 결정. 두 명에 93달러다. 삼륜차에 가솔린을 넣을 때는 기사와 손님이 다 내려야 한다. 재작년에 가솔린을 넣을 때 손님이 담배를 피우다 폭발하는 사고가 발생. 그 후 지방자치단체에서 정한 조례다.

【2011-01-24】

불개미 집

이렇게 꼬박 밤을 새우기는 오랜만이다. 오늘도 동물의 세계로 간다. 사실 내키지 않지만 방법이 없다. 오전 8시에 픽업. 9시에 부두에서 출발. 가이드는 스페인어로 안내한다. 가다가 숯 만드는 현장을 지켜본다. 여든 살 노인이 장작을 패는데 기력이 청년이다.

한참을 들어갔는데 환경은 같으나 현대식 생활을 하고 있다. 태양열로 전기를 생산하는 자가발전시설이 있다. 세속화한 마을이어서 그런지 원주민 춤이라고 보여주는 것이 너무 엉터리여서 보고 듣기가 민망하다. 지루해서 개미집을 건드려 보니 불개미들이 가득 들어 있다.

저녁 10시에 눕는다. 한번 자보자고 결심하고 눕는다. 일어나니 새벽 1시다. 옆방에서 들려오는 음악소리가 시끄럽다. 스페인 식민지를 오래 겪은 터라 스페인 문화가 그대로 남아있다. 중남미 사람들에게는 이해할 수 없는 문화가 많다.

【2011-01-25】

불경일사 부장일지

오전 6시 45분 출발. 7시 30분에 아침으로 빵 하나. 올 때는
물이 흐르는 방향이어서 빠르고 조용했는데, 갈 때는 물을 거슬
러 올라가야 하니 속도도 느리고 충격이 크다. 아마존에서만 배
를 100시간 정도 타고 있다. 2년 전에도 마찬가지. 오지탐험이
란 정말 고행이다. 나는 여행이란 것을 통해 늙어가는 것이 아
니라 익어가는 것 같다. 정말 가치 있게 익어가고 싶다. 학생들
에게 상담자가 되어 주고, 늙음을 서러워하는 이에게 잘 익게
해주는 역할을 해주는, 그런 소중한 삶을 살고 싶다.

오후 12시 40분. 페루 국경 초소를 넘는다. 여섯 시간이 걸려
지금은 콜롬비아 아마존이다. 국경초소에 오면 여러 잡상인들
이 올라온다. 어린아이들이 많다. 오늘은 30인승 여객선에 열다

섯 명 정도가 타더니 중간 중간에 다 내리고 거의 비워진 상태이다. 여객선과 고기잡이배, 시장으로 가는 바나나 실은 배, 작은 마을을 지날 때마다 고사리손을 흔드는 아이들. 둑이 무너져 대형 나무들이 거꾸로 처박혀 있어 가슴이 아프다.

페루 이키토스에서 콜롬비아 레티시아까지 편도 $70?

오후 4시. 브라질 인근에 도착. 수속 마치고 다시 콜롬비아 쪽 숙소 라 프론테라(LA FRONTERA). 보고타 가는 비행기 티켓을 끊는다. 콜럼버스가 대서양 도미니카 이사벨라에서 3년 만에 도시 쪽으로 옮긴 일에 공감이 간다. 이렇게 모기, 개미, 이름 모를 벌레, 독뱀, 독풀 속에서 살아간다는 것은 정말이지 대단한 일이다. 도미니카에서 이렇게 공기 좋고 아름다운 장소를 두고 왜 옮겼나 했더니 역시 겪어봐야 안다. 그래서 不經一事(불경일사)면 不長一智(부장일지)란 말이 있다.(한 가지 일을 경험하지 않으면, 한 가지 지혜가 생기지 않는다.)

브라질과 콜롬비아는 오토바이는 물론 기사도 다르다. 브라질 쪽은 오토바이도 좋다. 유니폼도 갖추고 있다. 그린색 야광 조끼를 입고 조끼 뒤엔 뒷사람이 잡을 수 있는 손잡이도 있다.

콜롬비아는 오토바이도 엉망이고 제멋대로다.

설사가 나서 힘이 쭉 빠진다. 힘들어서였는지, 오랜만에 잔 시간이 다섯 시간 정도다. 아마존은 모기만 없으면 살 만한 곳이다. 이곳 레티시아(Leticia)는 모기가 없는 편이다. 그래서 좀 살 만하다. 풀벌레 소리가 아름답게 들려온다.

【2011-01-26】

레티시아에 내리는 비

새벽 5시. 멀리 닭 울음소리, 가까이선 풀벌레 소리, 열대 지방은 새벽 3시에서 5시 사이가 제일 고요한 시간이다. 일어나면서 나도 모르게 Autumn Leaves(고엽)를 부른다. 나는 내가 얼마나 부족한 사람인지 잘 알고 있다. 그래서 쉼 없이 노력한다.

새가 한 마리가 창밖을 꽉 채우고 있다. 그런데 왜 저렇게 외로이 울고 있을까? 짝을 잃었을까? 인생은 캄캄한 외로움도 맛보아야 한다. 그래야 고독할 수 있고, 그래야 사색할 수 있다. 또 새벽비가 내린다. 축복받은 레티시아다. 가끔씩 뿌려주는 단비, 쨍쨍한 햇빛, 다 가진 복 많은 도시다. 7일 간의 여정은 보고타 근처다. 잘 마치고 유종의 미를 거두도록 노력하자.

오후 2시 10분. 보고타 행을 타야 해서 11시에 브라질 입국관

리소에 간다. 웬일인가? 한 시간 시차를 잊고 가서, 12시 점심시간이 돼 직원들이 막 나간다. 오후 1시에 출발하는 비행기여서 5분만 늦어도 비행기를 탈 수 없다. 식사하러 가는 사람을 붙잡고 사정해 겨우 받아낸다. 국경 마을에서는 시차를 체크하지 않으면 낭패를 겪을 수 있다.

일기를 쓰고 일찍 운동을 나간 김에 설사 때문에 끓인 음식을 먹으러 스프 잘하는 곳을 찾아간다. 가이드가 엘 살보(El Salbo)라는 식당으로 안내한다. 도라도(Dorado)라는 물고기 스프를 주문한다. 역시 소문난 집인 만큼 만족도가 높다. 아침이 충분하다. 콜롬비아 커피가 좋다고 해서 한 박스를 산다. 개당 3천 원 정도 하는데 가져갈 일이 큰일이다. 모토(MOTO) 택시 기사는 언제나 모자를 두 개 가지고 다닌다.

지금은 레티시아. 알프레도 바스케즈 코보(ALFREDO VAS-QUEZ COBO) 비행장이다. 며칠 전 공동묘지에서 장례를 치르던 아들이 일행을 알아보고 인사한다.

오후 2시 10분. 보고타행 비행기를 십 분 늦은 이십 분에 탄다. 식사시간이 맞지 않아 오는 길에 사온 샌드위치로 탑승 직전에 끼니를 때운다. 모기가 문제인데, 또 약을 빼앗아간다. 다음에 온다면 바르는 약으로 가져올 계획이다. 출발 후 아마존을 촬영하려 했지만 안개와 구름에 가려 찍을 수가 없다.

오후 4시 40분 보고타에 도착. 해발이 높아서 춥다. 이상한 사람이 옆에 붙어 있다. 항상 카메라를 들고 다니니 표적이 된다. 위험한 정글을 들어가자니 세스나 비행기가 1인석뿐이라고 한다. 그것도 하루 후에. 진짜 날씨가 춥다. 옷을 꺼내 더 껴입는다. 콜롬비아는 겨울이 오면 제법 추울 것 같다. 페널티를 물면 세스나 비행기를 탈 수 있다. 그러나 비용이 많이 들어갈 것이다.

보고타로 나와 전에 묵었던 숙소로 간다. 내일 오전 11시 40분에 또 레티시아로 가니, 자고 식사 후 바로 이동해야 한다. 작은 룸이 없어 큰 룸 하나를 준다. 길옆이어서 시끄럽고 춥다. 불안해서 설사약을 계속 먹었더니 속이 탄다. 내일 말라리아 약을 먹어야겠다. 100달러를 빌린다. 콜롬비아 돈으로 18만 페소.

Mr.정 402, 나 303.

【2011-01-27】

분홍 돌고래에게로

룸이 너무 춥고 시끄러워 작은 룸으로 교체를 요청한다. 콜롬비아는 여름이 이렇게 추운데 겨울은 얼마나 더 추울까? 히터를 준비시킨다. 스위치를 켜니 점점 훈기가 돈다. 늘 비몽사몽 가운데 아침을 맞이한다.

오전 11시 40분. 또 레티시아에 간다. 아마존 오지로 들어가기 위해 세스나 비행기 티켓을 끊어야 한다. 8시 40분에 숙소를 나선다. 아마존 오지로 들어가 또 천막을 치고 지낼 생각을 하니 끔찍하다. 모기로 인한 두려움도 엄습해온다. 이번엔 찜질방에 가는 셈치고 몇 겹으로 옷을 껴입을 계획이다. 그러나 막상 현장에 가면 습도가 높아서 힘들 것 같다. 사실 지금 현재 나의 몸은 모기의 습격으로 인해 기력을 모두 소진한 상태다. 더 물릴 자리도 없다. 어디 한 군데 성한 데가 없다.

콜롬비아 공항. 질서도 정리도 엉망이다. 오전 11시 50분. 구름 위로 보이는 산은 모두 안데스 산맥이다. 점점이 보이는 구름. 다이아몬드처럼 반짝이는 함석지붕. 아마존이 눈에 들어오기 시작한다. 굽이굽이 몇 구비를 돌고 또 도는 아마존, 지금의 아마존은 황토색과 녹색이 많이 섞여 선명하지 않다. 게다가 구름이 시야를 가리고 있다.

기내 식사 시간이다. 12시 20분. 빵 2천 페소, 우유 2천 페소. 모두 원화로 2천200원 정도다. 꼬마들과 안내원들과 같이 나눠 먹는다. 열 살 정도 되는 남자 아이들이 얼마나 명랑한지 내 것까지 거의 다 먹고 있다. 아이들에게 나누어준 사탕을 내가 좀 먹자고 하니, 어디서 한 개를 더 얻어 와서 혼자 다 먹으라고 한다. 인간의 느낌은 어떻게 이렇게나 같은지, 얻어먹을 줄만 아는 아이들인 줄 알았는데…….

두 시간 만에 콜롬비아에서 레티시아에 도착. 완전히 겨울과 여름이다. 부산과 평북 거리이니 그럴 수밖에. 습도가 높으니 더 견디기 힘들다. 공항에 군악대가 나와 있다. 군인들이 완전 무장해서 어딘가로 출동한다. 콜롬비아는 마약단속이 굉장히 심하다. 탐지견까지 동원해서 철저히 검색한다.

앙헬이 와서 같이 엘 살보(El Salbo) 식당에 간다. 스프 하나와 맥주 한 병. 5천 페소(약 3천 원)다. 음악하는 청년들이 리허설하는 곳에서 진미 건을 의논한다. 로컬 스포츠 보고 여기 저기 사진을 촬영한다. 내일 아침 먹거리를 마트에서 산다. 저녁 11시경 숙소로 이동. 내일 하루는 앙헬과 여행하기로 약속. 아침 8시에 민니기로 약속했는데, 지킬지?

테후(TEJU) - 콜롬비아 게임. 레티시아에서 밤늦게 앙헬과 음악 리허설하는 곳 옆에서 본 로컬 스포츠

산타로사 페루. 앙헬의 형님 친구에게 간다.

엘 야쿠루나(El Yakuruna) - 페루 지역 남근 스토리

아마존 다른 지방에서 온 하얀 남자가 분홍 돌고래로 변신해 마을에서 온 15세 처녀를 납치한다. 그녀를 아마존 가장 깊은 곳에 있는 도시로 데리고 간다. 그녀는 공주가 되었고 그는 그녀를 영원히 아내로 맞는다.

【2011-01-28】

앙헬

현재 페루의 경제적 상황은 매우 좋지 않다. 그래서 앙헬의 형 가족들은 보다 나은 삶을 위해 길고 힘든 여정을 통해 브라질로 이주했다. 그들은 브라질에서 살 조그마한 방을 찾았다. 방세는 매달 450레알(225달러). 방세를 내기 위해 앙헬의 부모와 형 또한 직업을 갖길 원하고 있다. 앙헬의 조카들은 학교에 다녀야 할 나이다. 하지만 그들의 경제적 상황이 여의치 않아 학업에 대한 지원이 쉽지 않다. 가장 중요한 도움은 그들이 평범하게나마 살 수 있는 집을 찾아주는 것이다.

【2011-01-30】

티쿠나스 인디언의 초경

매달 보고타에서 학생들이 온다. 아
마존 아이들과 경험을 나누기 위해서
다. 학생들은 음식과 소다를 가지고 와
아이들에게 나눠주고 도시의 노래와
역사를 이야기한다. 그러면 아이들은
답례로 학생들에게 인디언 노래와 춤
을 알려 준다.

시골마을 이색파티. '펠라손Pelason'
은 티쿠나스의 인디언들이 가지고
있는 많은 관습과 제례 중 하나다.
'Pelason'은 마을 어린 소녀의 첫 월경

으로부터 시작한다. 마을에선 그녀를 위해 잔치를 벌인다. 마을은 일주일간 그녀를 격리시킨다. 여자들은 머리카락을 자르고 몸을 검게 칠한 채 한 주 동안 먹고 마시며 그녀가 소녀에서 여인으로 성장한 것을 축하한다. 그녀의 부모는 그녀의 남편을 선택할 수 있다. 이때 최대 3개월의 시간이 주어진다. 남편을 선택하면 새로운 결혼식 파티가 시작된다.

【2011-02-1】

할렘 그리고 하바 나길라

레티시아에서 오후 2시 10분 출발. 보고타에 4시 25분 도착. 나오기로 한 존 에디슨이 보이지 않는다. 삼십 분을 기다리다 사정이 있어 오지 못하는 것 같아 다른 가이드와 흥정한다. 70 달러에 3시간 동안 보고타 시내를 여행하기로 하고 출발.

보고타 시내를 들어선다. 할렘가 비슷하면서도 화려하고 음산한 분위기다. 나도 모르게 카메라를 들이댄다. 찍지 말라고 난리다. 그냥 넘어간다. 그런데 기사가 왔던 길을 다시 한 바퀴 돈다. 조금 전에 봤던 여인이 차를 막고 선다. 하이힐을 벗어서 차 범퍼를 찍는다. 순식간에 약 삼십여 명의 여인과 이십여 명의 남자가 차를 둘러싼다. 앞 유리를 깨고 옆문을 치면서 빨리 카메라를 내놓으라고 한다. 어떤 사내가 문을 열고 여인과 합세

한다. 곧 몽둥이로 내려칠 태세다. 도저히 방법을 찾을 수 없어 캠코더에서 칩을 빼서 준다. 그런데 그 칩이 아니라며 난리다. 다른 칩을 뽑아준다. 그래도 난리다. 이제 군중심리로 난리법석이다. 자세히 보니 홍등가다. 간신히 빠져나와 경찰에게 신고한다. 하지만 에콰도르와 다를 바 없다. 왜 이런 광경에 침묵하냐고 물으니, 오히려 찍지 말라는 것을 왜 찍었냐고 책망한다.

이동해서 차를 살펴보니 앞 유리가 깨져 있다. 문도 찌그러져 있다. 앞 범퍼에 하이힐로 찍힌 자국이 생생하다. 기사가 변상을 요구한다. 유리와 이것저것을 이유로 200달러를 달라고 한다. 난감하다. 경찰들이 앞에서 전부 30만 페소뿐이라고 다 털어놓고 의논한다. 가이드 비용 14만 페소, 내일 공항에서 2만 페소, 숙박료 4만 페소, 나머지 10만 페소. 이것뿐이라고 사정해도 안 된다고 우긴다. 가이드가 자신이 받을 2만 페소를 양보할 테니 주라고 해서 12만 페소로 변상문제 해결. 조심스러웠던 콜롬비아에서의 여행이 끝내 사고로 이어진다.

그래도 여기까지 와서 그냥 갈 수는 없다. 돈이 다 떨어졌으니 이젠 걷기 아니면 대중교통이다. 버스를 이용하며 씁쓸하게 여행한다. 삶도 살아갈수록 두렵듯이 여행도 모르고 다닐 때가 좋았다. 좀 알고부터는 두려움이 밀려올 때가 있다. 오늘도 몸

파는 여자와 술주정꾼, 마약중독자, 정신이상자들 사이를 걷는다. 다시 살아 있음에 감사하다.

Mr. 정이 숙소를 예약했다는데 기다려도 방이 없다. 저녁 9시가 다 돼 존 에디슨이 나타난다. 알선비를 챙기려고 숙소를 여기저기 소개한다. 결국은 또 바가지를 씌운다. 할 수 없이 약 14만8천 페소(약 8만 원)을 지불한다.

가이드가 사진을 찍는 동안 부탁했던 노트를 가지고 가버림. 늦어서 내일 공항으로 가져다준다고 한다. 믿어야 될지? 어찌 할 수 없는 일이다. 내일 아침 공항에서 10시에 대기하란다.

메모 노트를 주겠다던 가이드가 오지 않아 전화한다. 11시에 오겠다고 한다. 11시 55분 비행기로 엘살바도르로 간다고 하니 그건 내 사정이라고 한다. 忍一時之憤(인일시지분)을 또 외운다.(한때의 분함을 참는다.) 메일을 보내기로 하고 끊는다. 타카(Taca) 항공을 타야 하는데 아비앙카(Avianca) 항공이다. 한참을 헤매다 티켓팅 완료. 비행기를 탄다.

보고타에서 11시 55분 비행기를 타고 오후 2시 산 살바도르(San Salvador)에 도착. 꼼짝 않고 다섯 시간 삼십 분 대기. 저녁 7시 30분 LA편 비행기를 탄다. 산 살바도르 공항은 시설이 너무 잘 되어 있어 미국 공항과 다를 바 없다. 모든 것이 훌륭하다.

Marie Mavting, Sentino

214 w 89th St.

Los Angrles, CA 90003

323-743-9591

노래제목

1. A closer walk with thee

2. Faithful Grace

엘살바도르 공항에서 만난 레게머리 가수.

벨리제 고향. 57세. 싱어.

딸 5세, 아들 4세

엘살바도르에서 기다리는 동안 지루해서 흑인 여성과 대화를 주고받는다. LA로 가며, 고향이 벨리즈(Belize)라고 한다. 벨리즈에 대해 한참 대화하다 보니 친근감이 생긴다. 내가 먼저 하바 나길라를 선창하니 자기도 아티스트라며 답을 한다. 가스펠 가수이며 가족 모두가 뮤지션이라고 한다.

음악하는 사람들은 확실히 표정이 밝다. 두 곡이나 노래를 부르고 자신의 CD를 준다. 항상 내가 먼저 문을 열어야 한다. 영어를 잘하지 못해 너무 아쉽다. 짧지만 재미있는 시간을 보낸다. 오지여행은 계속 기다리는 연습이다. 인내가 없으면 도저히

할 수 없는 것이다. 수첩에 마지막으로 꼽힌 볼펜이 수명도 가
장 길다.

【2011-02-03】

오늘은 몰라도 내일은

산 살바도르에서 7시 30분 출발. LA 저녁 10시 55분 도착. 시차가 왔다 갔다 하니 정신이 없다. 두 시간 시차가 있으니 걸린 시간은 5시간 25분. Mr. 정의 동서 송환규 목사님이 마중을 나와 반긴다.

엘에이 - 살바도르 - 보고타 - 레티시아

(LA - Salvador - Bogota - Leticia)

늦은 시간에 나와 줘서 고맙다. 목사님 댁으로 가지 않고 숙소를 구한다. 오랜만에 따뜻한 물에 샤워를 할 수 있어 좋다. 잠을 좀 푹 자야겠는데 걱정이다. 시차에 시달려 새우잠을 자는 것이 버릇이 돼 쉽지 않다. 이번 여행에서는 거의 모든 아침을 빵과 과일로 때웠더니 배가 쏙 들어가 있다. 이대로 체형이 유지되면 좋겠다.

다음 코스는 중앙아프리카인데 정말 위험한 곳이라 고민 중이다. 조금 쉬운 여행으로 바꾸고 싶을 때가 있다. 그러나 큰 도시를 다녀보니 너무 재미가 없고, 흥미 또한 느낄 수가 없다. 오늘은 몰라도 내일은 미지를 향해 가는 여행이 더 그리울 것이다.

【2011-02-04】

오늘은 몰라도
내일은 미지를 향해 가는
여행이 더 그리울 것이다

세계 네트워크의 시작, 키부츠(Kibbutz)

"저는 20대 여대생과 한 달 동안 함께 먹고 자며 여행했습니다."

도발적인 발언에 곳곳에서 웅성거리기는 소리가 들려왔다. 다른 곳도 아닌 국무총리실 강연장이었기에 그곳에 있던 모든 사람들이 의심 가득한 눈빛으로 내 입술을 응시했다.

"하하! 여러분 지금 무슨 생각을 하시는 거죠? 제 외양이 노인의 모습이라서 그런가요? 저는 여행을 떠나면 청년들처럼 10인실 도미토리에서 지냅니다. 그래서 저의 여행은 청년들의 여행과 결코 다르지 않습니다."

곧 눈빛에 가득 차 있던 의심이 호기심으로 바뀌었다.

"혹시 여러분 중에 이스라엘에 위치한 키부츠를 아시는 분이 있나요? 저는 키부츠로 인해 그 여대생이 청소년일 때 알게 됐고, 지금도 돈독한 인연을 유지하고 있습니다."

여대생의 이름은 송주영이었다. 나는 주영이의 멘토였고, 그녀의 성장을 위해 키부츠를 소개했다. 그게 인연이 돼 주영의 두 번째 키부츠 행에 동행할 수 있었다. 키부츠에 도착하니 많은 이들이 주영이를 기다리고 있었다. 보자마자 뛰어나와 끌어안는 친구들도 있었다. 그 모습에서 주영이의 첫 키부츠 생활이 어떠했는지 짐작할 수 있있다.

숙소는 내가 처음 발을 디뎠을 때와 비교해 달라진 점이 없다. 여전히 강원도 두메산골에 지어진 집 같았다.

"입소할 때 입이 다물어지지 않았어요. 이런 곳에서 어떻게 생활하지, 하는 걱정도 컸고요. 하지만 외출이 쉽지 않은 변두리에 위치해 있어 영어를 마스터하기에는 안성맞춤이었죠. 그래서 마음을 다잡고 더 열심히 공부했어요."

주영이가 자신의 경험담을 늘어놓을 때마다 내 마음도 뿌듯했다. 주영이는 영어를 자유자재로 구사하며 외국인 친구들과 대화를 이어갔다.

"와! 정말 많이 늘었네!"

"아무래도 외국인 친구들과 함께 지내는 시간이 많다보니 영어회화 능력이 자연스럽게 향상되더라고요."

그런데 주영이의 성장은 어학 능력에만 국한된 것은 아니었다. 처음 만났을 때 수줍음 많고 매사에 소극적이었던 소녀가 정반대로 적극적이며 활발한 성격의 여대생으로 변해 있었기 때문이다. 주영이는 키부츠에서 귀국하자마자 학과를 바꿨다. 함께 생활하던 외국인 친구들을 통해 IT분야에 대한 수준 높은 정보를 접하고 진로 변경을 결정했다. 주영이는 현재 소프트웨어 분야에서 자신의 커리어를 쌓아갈 계획이다.

주영이 외에도 키부츠에 방문한 후 변화된 삶을 사는 청년들의 이야기는 셀 수 없을 정도로 많다. 한번은 한 아버지로부터 상담 요청이 있었다. 고등학교 3학년이 된 아들이 게임에 빠져 대학진학을 포기했다는 내용이었다. 이를 훈계하는 과정에서 엇나가기 시작해 급기야 가출을 선택하기도 했다. 나는 아버지를 통해 아들의 키부츠 행을 권유했다. 자의반 타의반으로 키부츠에 간 아들은 그곳에서 새로운 삶을 설계하는 계기를 마련했다. 게임을 즐기던 좁고 어두운 방을 허물고 자의식의 국경을 뛰어넘었다. 혼자서 세계 배낭여행을 계획해 훌쩍 떠날 수 있는 대학생이 된 것이다.

어느 날은 한 학생으로부터 감사의 편지가 도착했다. 내 강연으로 인해 키부츠에 다녀왔고, 그곳에서 "돈이 없어도 여행할 수 있겠구나!" 하는 용기를 갖게 됐다고 했다. 그러면서 세계여행에 대한 무용담을 늘어놓았다. 학생은 프랑스에서 베이비시터와 정원사로 일하며 돈을 모아 유럽 곳곳을 여행했다. 한 번도 요리를 해

본 적이 없던 그가 바르셀로나로 가서는 30명의 외국인을 상대로 한국요리를 만들어 판매하기도 했다. 당시 수중에 20만 원밖에 남아 있지 않아 궁핍한 상황이었는데, 25인분을 만들어 판매해 59유로를 벌었다고 했다. 그러면서 불가능해 보이는 모든 일이 사실은 그리 어렵지 않은 일이라는 걸 깨달았다고 덧붙였다.

한국에 키부츠를 소개하기 시작한 때는 이십여 년 전 첫 오지 탐험을 마치고서였다. 이스라엘 '재건 신화'의 주축인 키부츠는 자발적 공동 소유제를 채택한 독특한 공동체로 '공동소유·공동육아·공동식사·직접민주주의' 등의 운영시스템을 유지하고 있었다. 최근에는 세 가지로 나뉘어 봉사활동을 진행하고 있다. 첫째는 키부츠의 농장에서 농사를 돕는 봉사활동이고, 둘째는 마을 공동체 봉사활동이다. 셋째는 약 250개에 달하는 키부츠의 관광시설에서의 봉사활동이다. 개인의 언어역량에 따라 다양한 선택지가 열려 있다.

개인적인 견해로 키부츠에서 운영하는 프로그램에 참여하면 다음과 같은 장점을 경험할 수 있다. 첫째는 더 넓은 세계와 만나 문화를 융합해 다음 세대를 이끌어갈 리더의 자질을 갖출 수 있다. 둘째는 항공료와 비자발급 대행비만 들어가므로 의식주에서 돈이 필요하지 않다. 생활비가 전혀 필요하지 않다는 뜻이다. 큰 금액은 아니지만 매월 200달러 이상을 벌 수 있기 때문에 6개월

과정이 끝났을 때는 항공료 등 지출한 비용 이상을 회수할 수 있다. 셋째는 47개국의 청년들과 만날 수 있으므로, 영어는 물론 관심이 있는 나라의 언어를 공부할 수 있다. 앞서 언급한 주영이는 프랑스어와 히브리어를 추가로 공부했다. 무엇보다 47개국 젊은 이들과 네트워크를 구성할 수 있다는 점이 키부츠를 추천하는 가장 큰 이유이다.

세상을 이끄는 수많은 오피니언 리더들 중에는 유대인이 많다. 나는 그 힘을 키부츠에서 만날 수 있다고 생각한다. 어린 시절부터 협동과 감사를 배우고 전세계 사람들과 인프라를 구축한다. 내가 다른 곳도 아닌, 엄숙함이 요구되는 국무총리실 강연장에서 자극적인 이야기를 선택해 이목을 집중시킨 이유도 여기에 있다. 그곳에서 강연을 듣는 사람들은 모두 나라의 행정을 기획하고 추진하는 엘리트들이기에, 키부츠에 대해 더 많은 관심을 가져주길 원했다. 그래서 한국형 키부츠가 이 땅에 새롭게 건설되기를 간절히 기도했다.

나는 환경 결정론자는 아니지만, 인간이 삶을 바꿔감에 있어 환경이 매우 중요하다고 생각하는 사람 중 한 명이다. 비단잉어 코이는 어항에 넣어두면 8Cm까지 성장하지만, 연못에 방류하면 32Cm까지 자란다. 강에 방류하면 어떨까? 128Cm까지 자란다. 이는 환경이 그만큼 중요함을 시사한다.

비단잉어 코이와 사람은 결코 다르지 않다. 오히려 사람에게는 그 무엇과 비교할 수 없는 크나큰 잠재력이 있다. 드넓은 바다에는 크기를 알 수 없는 고래가 살고 있다. 환경을 바꾸면 사람도 바꿀 수 있다. 나는 대한민국의 미래를 책임질 청년들이 고래처럼 광활한 세계를 유영하는 큰사람으로 성장하기를 진심으로 원한다. 이러함이 내가 열렬한 키부츠 전도사를 자임하는 이유이다.

발문

사랑의 유적지

조근호(변호사)

관광과 여행이 어떻게 다를까요? 2017년 9월 10일부터 17일까지 평소 알고 지내던 오지 여행가 도용복 회장을 따라 우즈베키스탄에 갈 기회가 있었습니다. 그와의 여행은 어느 모임에서도 회장의 강의를 들으며 결심했습니다. 그의 여행담은 가슴 설레는 내용들로 가득했습니다. 내가 여행에 대해 특별한 관심을 보이자, 한 공중파 방송사와 촬영차 우즈베키스탄을 가는데 동행하지 않겠냐고 제안했습니다. 나는 바로 그 자리에서 수락했습니다. 열흘 간 회사를 비워야 해서 부담이 적지 않았습니다. 그러나 그를 통해 지금까지 보지 못했던 세계를 만날 수 있다는 기대감에 마치 소풍을 기다리는 소년처럼 가슴이 벅차올랐습니다.

특별한 경험은 우즈베키스탄의 수도 타슈켄트 공항에 도착하자마자 시작됐습니다. 짐을 찾는 곳에서 도 회장은 생면부지의 우즈베키스탄 젊은이와 통성명을 나누었습니다. 그는 한국에서 일하다가 귀국하는 길이었습니다. 방송사 카메라는 도 회장의 자연스러운 모습을 놓치지 않고 인터뷰로 연결했습니다. 인터뷰가 끝난 후 도 회장은 이국의 청년에게 그의 집에 가보고 싶다고 말했습니다. 잠깐의 시간이었지만 도 회장에게 친밀감을 느낀 청년은 흔쾌히 '예스!' 하고 대답했습니다. 그의 전화번호를 받고 공항을 빠져나왔습니다. 저는 이 광경을 카메라를 위해 의도적으로 연출한 것 정도로 해석했습니다.

다음날 고속철도로 옛날 실크로드의 주요 도시인 부하라와 사마르칸트를 방문했습니다. 카메라에 담을 장면을 위해 이곳저곳 명소들을 다니며 촬영했습니다. 도 회장은 현지인들과 밀착할 수 없는 이런 식의 여행이 불편해 보였습니다. 유적지를 돌아보는 와중에도 그의 관심사는 오로지 어제 만난 우즈베키스탄 젊은이와 전화통화를 하는 것뿐이었습니다. 그러나 전화번호가 잘못되었는지 그와의 전화통화는 결국 실패로 끝났습니다.

일행은 마지막 관광지로 사마르칸트의 레기스탄 광장을 찾았습니다. 우즈베키스탄 지폐에 그려져 있을 정도로 중요한 이 광장에는 멋진 건축물들이 삼면에 세워져 있었습니다. 땅거미가 질 무렵 도착한 이곳은 밤이 되자 화려한 조명으로 빛의 제전을 펼

쳤습니다. 나는 그곳의 건축물이 너무도 신기해서 이리저리 다니며 사진을 촬영하느라 분주했습니다. 그러나 나와는 다르게 많은 여행을 경험한 도 회장의 유적지는 다른 곳에 있었습니다.

그는 광장에서 전통의상을 입은 중년여인들에게 관심을 보였습니다. 그는 환한 미소를 띠고 다가가 대화를 시도했습니다.

"Hello! Where are you from?"

여인들은 도 회장의 말을 알아듣지 못했습니다. 그저 미소를 지을 뿐 아무런 대답도 하지 않았습니다. 옆에 우즈베키스탄 가이드가 있었지만, 도 회장의 소통능력 앞에서 그의 역할은 무의미했습니다. 도 회장은 큰 목소리로 그녀들에게 말했습니다.

"Beautiful! Beautiful!"

감탄사를 연발하는 도 회장의 천진한 모습에 그녀들도 즐거워하며 호응했습니다. 도 회장은 한 걸음 더 나아가 노래를 불렀습니다. 이어 춤으로 여인들의 흥을 돋우었습니다. 그러자 곧 놀라운 일이 벌어졌습니다. 그녀들이 도 회장을 따라 춤추기 시작했습니다. 갑자기 광장에서 작은 춤판이 벌어졌습니다. 나를 비롯해 여행을 떠나는 상당수 사람들과 달리 도 회장의 유적지는 고성이나 박물관이 아니라 사람이었습니다.

도 회장은 그녀들에게 기념사진 촬영을 부탁했습니다. 그녀들은 흔쾌히 동의하며 도 회장을 무리의 중심으로 이끌었습니다.

나는 그런 풍경이 낯설고 신기해서 바라만 볼 뿐 아무것도 할 수 없었습니다. 문득 나와 눈이 마주친 도 회장은 이것이 바로 여행이라는 듯이 내 몸을 그들의 기쁨 속에 참여시켰습니다. 나는 어색한 미소를 띠며 프레임 속으로 걸어갔습니다. 이런 한바탕 소란을 벌이고 있을 때, 한편에서 지켜보던 한 우즈베키스탄 여성이 다가왔습니다.

"한국에서 오셨어요?"

낯선 나라이다 보니 한국어로 말하는 외국인이 매우 반갑게 느껴졌습니다.

그녀는 KOICA(한국국제협력단)가 사마르칸트에 세운 직업훈련학교에서 근무하는 한국어 선생님이었습니다. 우리 일행은 도 회장의 제안에 따라 그녀의 저녁식사에 동참하기로 했습니다. 나는 불편하였습니다. 한 번도 일면식이 없는 사람과 저녁을 먹는다는 것이 제 상식으로는 이해되지 않았습니다. 그래서 웃음이 가득한 식탁이었지만, 머릿속에서는 내내 그저 인사만 나누는 것으로 족하지 않았을까 하는 생각이 맴돌았습니다. 식사 후 도 회장은 공항에서 청년에게 했던 제안을 그녀에게 옮겼습니다. 내일 그녀의 집과 직장에 가볼 수 있냐고 물었습니다. 그녀 역시 흔쾌히 "예스!" 하고 대답했습니다.

다음 날 아침 우리는 박물관에 잠시 머문 후 그녀가 거주하는 집으로 향했습니다. 그녀가 사는 마을에 접어들었을 때 무엇인가 잘못됐다는 생각이 몰려왔습니다. 골목 깊숙이 걸어 들어갈수록 곳곳에서 짓다가 만 집과 무너진 담이 눈에 띄었습니다. '설마 이런 곳에 우리를 초대했을까?' 머리를 어지럽히는 생각들과 흔쾌히 방문을 수락한 그녀의 얼굴이 교차했습니다. 누구라도 이처럼 누추한 공간에 손님을 초대하지는 않을 것이라고 확신했습니다. 속으로 불평을 늘어놓는 동안 어느새 그녀의 집에 도착했습니다. 반갑게 맞아주는 그녀의 얼굴을 보는 순간 가슴속에서 어떤 미안함이 밀려왔습니다.

그녀의 이름은 '자모라'였습니다. 그녀는 분주하게 점심을 준비했습니다. 도 회장은 점심식사가 준비될 때까지 동네를 한 바퀴 돌아보자고 제안했습니다. 돌아보고 말 것도 없는 그저 그런 동네였지만, 도 회장의 얼굴에는 호기심이 가득했습니다. 나는 그의 호기심을 방해하고 싶지 않았습니다. 그래서 마지못해 동의했습니다. 일행들도 도 회장을 따라 이곳저곳을 누볐습니다. 큰 카메라를 맨 외국인이 동네 이곳저곳을 돌아다니자 장난끼 많은 어린아이들이 우르르 몰려왔습니다. 어느 집 문 앞에 꼬마 댓 명과 여자 한 분이 서 있었습니다. 도 회장은 그녀에게 다가갔습니다. 그 집에 들어갈 생각이었습니다. 현지 가이드가 도 회장을 가로막았습니다. 남의 집에 함부로 들어가서는 안 되고 문화와도 맞지 않는다고 설명했습니다. 그러나 이런 제지에 발길을 멈출 도 회장이 아니었습니다.

　도 회장은 그녀에게 다가가 환하게 미소를 짓고는 몸짓으로 들어가 볼 수 있냐고 물었습니다. 그녀는 흔쾌히 허락하며 집안으로 안내했습니다. 일행들은 뒤따랐습니다. 나는 이런 식의 방문이 편하지는 않았습니다. '타인의 집, 그것도 볼 수 있는 것은 가난의 흔적뿐인 집에 무엇을 위해 들어가야 하는가?' 이런 생각을 지울 수 없었습니다. 그러나 도 회장은 주변의 시선을 의식하지 않은 채로, 모든 것이 신기하다는 듯이, 집 안 구석구석을 누비고 다녔습니다. 가이드도 제지를 포기하고 통역을 시작하였습니다. 한참 이런저런 살아가는 이야기를 나누고 그녀의 집에서 나오려는데, 그녀가 집마당에서 키우는 포도나무에서 포도 한 송이를 따 일행에게 내놓았습니다. 도 회장의 행동에 대한 나의 우려와 도 회장이 얻어낸 결과는 차이가 컸습니다. 또 다른 가정에 방문했을 때는 집주인 할머니가 커다란 멜론을 가지고 와서 손수 깎아주기도 했습니다. 당황스러웠습니다. 나는 그곳에서 가난과 체면을 보았지만, 도 회장은 그 너머에 있는 사람을 만나고 있었습니다.

　마을 한 바퀴를 돌고 돌아가자 자모라가 점심 준비를 마치고 기다리고 있었습니다. 대화를 이어가다, 그녀가 아침 7시부터 음식을 준비했고, 임신한 지 2개월이 됐다는 사실을 알게 됐습니다. 힘든 몸을 이끌고 낯선 이방인의 식사를 준비한 그녀의 마음에 한없는 고마움을 느꼈습니다. 식사를 마친 후에는 곧 있을 이별로 인해 섭섭함이 밀려왔습니다. 도착했을 때 가졌던 마음과는 전혀 다른 충만한 무엇이 가슴을 채웠습니다. 그녀가 차창 밖에서 손을 흔들었습니다. 일행이 그녀에게 답하는 동안 도 회장은 혼잣말로 중얼거렸습니다.

"아이고 심장이야! 딸내미 두고 가는 기분이네!"

도 회장은 영어를 할 줄 모른다고 했습니다. 그의 소통수단은 환한 미소와 몸짓이었습니다. 그것이면 충분했습니다. 먼저 다가가서 가슴으로 소통했습니다. 그의 노래와 춤은 어떤 화술보다 설득력이 있었습니다. 도 회장과의 여행은 내내 이런 식이었습니다. 나흘 간의 취재여행에서 만난 현지인들이 열 명도 넘었습니다. 소통의 수단을 말과 글이라고만 여기고 있었던 나로서는 충격 그 자체였습니다.

짧은 기간이었지만, 도 회장은 저에게 참된 여행이 무엇인지 그 의미를 일깨워주었습니다. 그래서 이번에 출간한 '한 경영인의 삶과 여행에 관한 이야기' 《빠샤 아저씨》가 특별하게 느껴졌습니다. 여느 책들처럼 보여주기 위해 아름다운 이미지와 화려한 문장으로 포장한 것이 아니라, '스미는 인연'과의 '어울림' 그대로를 표현하고 담았기 때문입니다. 원고를 읽으며 나는 차창 앞에서 손을 흔들던 '자모라'를 떠올렸습니다. 포도를 따고 멜론을 깎는 가난한 여인의 손도 만져보았습니다. 도 회장의 책에는 사람이 사람으로서 지켜가야 할 사랑의 유적지가 있었습니다. 이 책을 읽는 동안 모든 독자들이 자신만이 알고 있는 '자모라' 혹은 어떤 손길과 다시 마주하리라 믿어 의심치 않습니다. 가난과 전쟁, 그리고 성공과 죽음을 온몸으로 통과해 사람의 영혼을 어루만지는, 한 오지탐험가의 열정에 박수를 보냅니다.

황혼이 물들어가고 있었다
빠샤 아저씨와도 낭만적인 이별을 하지 못했다
그래서 스치는 인연이 아니라
스미는 인연을 살아가겠다고 다짐했다